宝石与燧石

赵振江译文自选集

赵振江 译著

中国出版集团
中译出版社

丛书编辑说明

"我和我的翻译"系列丛书由罗选民教授担任主编,第一辑遴选了12位当代中国有影响力的翻译家,以自选集的方式,收录其代表译著篇目或选段,涵盖小说、散文、诗歌等多种体裁,涉及英、德、法、日、西、俄等多个语种,集中展示了当代翻译家群体的译著成果。

丛书篇目及选段大多是翻译家已出版的经典作品,长期受到读者的喜爱和追捧。每本书的译者不仅是知名翻译家,还是高校教授翻译、文学课程的名师,对译文的把握、注释、点评精辟到位。因此,这套丛书不仅具有一定的文学价值,同样具有较高的收藏价值和研究价值,是翻译研究的宝贵历史语料,也可作为外语学习者研习翻译的资料使用,更值得文学爱好者品读、体会。

书稿根据译者亲自校订的最后版本排印,经过了精心的编辑,主要包括以下几方面的处理:

一、译者及篇目信息

1.丛书的每个分册各集中展示一位翻译家的译著面貌,文前增添翻译家自序,由译者本人对自己的翻译理念、自选作品的背景和脉络等进行总体介绍。

2. 每篇文章都注明了出处，读者可依据兴趣溯源阅读。

3. 根据各位翻译家对篇目的编排，章前或作品前增添导读，由译者自拟，解析原著内容和写作特色，帮助读者更深入、全面地理解文本。

4. 书后附译著版本目录，方便读者查找对照、进行延伸阅读。

二、译文注释与修改

1. 在译文必要的位置增加脚注，对一些陌生的表述，如人名、地名、书名等做了必要的注释，有助于读者理解术语的文化背景及历史渊源。

2. 遵照各位翻译家的意愿，书中有的拼写仍然保留了古英语的写法和格式，原汁原味。

3. 诗歌部分，考虑其翻译的特殊性，可探讨空间较大，并且具有英文阅读能力的读者较多，特将原文为英文的诗歌，以中英双语形式呈现。

由于编辑水平有限，书稿中肯定还存在一些不足之处，望各位读者批评指正。

丛书总序

百年征程育华章　薪火相传谱新曲

翻译是文化之托命者。翻译盛，其文化盛，如连绵数千年的中华文明；翻译衰，则其文化衰，如早已隔世、销声匿迹的墨西哥玛雅文化、印度佛教文化。文化传承，犹如薪火相传；静止、封闭的文化，犹如一潭死水，以枯竭告终。

翻译是思想的融通、心智的默契、语言的传神。化腐朽为神奇是翻译的文学性体现，化作利器来改造社会与文化乃是翻译的社会性体现。前者主要关注人性陶冶和慰藉人生，个性飞扬，神采怡然；后者主要关注社会变革和教化人伦，语言达旨，表述严谨。在清末的两类译者中，代表性人物是林纾和严复。林纾与他人合作翻译了180余部西洋小说，其中不少为世界名著，尤其译著《茶花女》赢得严复如下称赞："孤山处士音琅琅，皂袍演说常登堂。可怜一卷茶花女，断尽支那荡子肠。"[1] 严复则翻译了大量西方的社会学、政治学、经济学、法学、哲学等方面的著作，是中国近代重要的思想启蒙家，其译著《天演论》影响尤为深远。该书前言中提出的"信、达、雅"翻译标准对后世影响

---

[1] 严复，《甲辰出都呈同里诸公》。

很大。严复本人也因此被誉为中国近代史上向西方国家寻找真理的"先进的中国人"之一。

此后百余年,我国出现了一大批优秀文学翻译家,如鲁迅、朱生豪、傅雷、梁实秋、罗念生、季羡林、孙大雨、卞之琳、查良铮、杨绛等。他们的翻译作品影响了一个时代,影响了一批中国现当代文学家,有力地推动了中国现当代文学的创新与发展。

余光中先生有一段关于译者的描述:"译者未必有学者的权威,或是作家的声誉,但其影响未必较小,甚或更大。译者日与伟大的心灵为伍,见贤思齐,当其意会笔到,每能超凡入圣,成为神之巫师,天才之代言人。此乃寂寞译者独享之特权。"[1] 我以为,这是对译者最客观、最慷慨的赞许,尽管今天像余先生笔下的那类译者已不多见。

有人描述过今天翻译界的现状:能做翻译的人不做翻译,不做翻译的人在做翻译研究。这个说法不全对,但确实也是一个存在的现象。我们只要翻阅一些已出版的译书就不难发现词不达意、曲解原文的现象。这是翻译界的一个怪圈,是一种不健康的翻译生态现象。

作为学者、译者、出版者,我们无法做到很多,但塑造翻译经典、提倡阅读翻译经典是我们应该可以做到的事情,这是我们编辑这套丛书的初衷。编辑这套丛书也受到了漓江出版社的启发。该社曾开发"当代著名翻译家精品丛书",出了一辑就停止了,实为遗憾。

本丛书遴选了12位当代有影响力的翻译家,以自选集的形式,收录译文、译著片段,集中反映了当代翻译家所取得的成绩。收录译文

---

[1] 余光中,《余光中谈翻译》,中国对外翻译出版公司,2002。

基本上是外译中。目前，外国语种包括英语、俄语、法语、德语、西班牙语、日语。每本书均有丛书总序、译者自序，每部分前有译者按语或导读。译丛尤其推崇首译佳作。本次入选的译本丛书可以视为当代知名翻译家群体成果的集中展示，是一种难得的文化记忆，可供文学和翻译爱好者欣赏与学习。

如今，适逢中国面临百年未有之大变局之际，中译出版社的领导高度重视，支持出版"我和我的翻译"丛书，可以视为翻译出版的薪火相传，以精选译文为依托，讲述中国翻译的故事，推动优秀文化的世界传播！

罗选民

2021 年 7 月 1 日于广西大学镜湖斋

译者自序

几十年来,我主要是翻译诗歌。帕斯在一篇题为《文学与直译》的文章中说:"从理论上说,只有诗人才应该译诗;而实际上,诗人成为好译者的情况寥寥无几。之所以如此,是因为他们几乎总是利用他人的诗歌作为出发点来创作自己的诗歌。好的译者则朝着相反的方向运动:他的目标只是一首类似的诗歌,既然它无法与原诗完全一样。不离开原诗只是为了更接近原诗。……译者的活动与诗人的活动是相似的,但有一个根本区别:诗人开始写作时,不知道自己的诗会是什么样子;而译者在翻译时,已经知道他的诗应该是眼前那首诗的再现。在这两步中,诗歌翻译与创作是类似的行为,尽管方向完全相反。翻译过来的诗歌应该是原诗的再现,尽管如前所述,它既不是复制也不是转化。按照保尔·瓦雷里无可辩驳的说法,理想的诗歌翻译在于用不同的手段创造相似的效果。"[1] 我完全同意帕斯的观点。

诗不同于小说:小说是讲故事,有人物、情节、发展脉络,而诗歌是靠意象抒发情感,通过隐喻表达诗人的意志和追求(我指的是抒情

---

[1] 选自赵振江译《弓与琴》(帕斯著,北京燕山出版社,2014)第507—509页。

诗)。帕斯说:"诗歌在页面上播种眼睛,在眼睛上播种语言。眼睛会说话,语言会观察,目光会思考。"翻译诗歌,不能像翻译小说那样逐字逐句地翻译,而要考虑翻译出来的文字也应该是"诗"。诗歌翻译是二度创作。

就西诗汉译而言,所谓"以诗译诗"就是要把用西方语言写的诗译成汉语,而汉语和西语又是完全不同的载体,因而译诗不可能是原诗,只能与原诗近似,近似度越高,译得越精准。在这一点上,我完全同意辜正坤教授的说法:译诗追求的是与原诗的"最佳近似度"。

如同"信、达、雅"一样,"最佳近似度"也是对文学翻译(当然包括诗歌翻译)的要求,至于如何达到这样的要求,却没有也不可能有什么具体的方法,因而不具可操作性。记得我做北京大学西语系主任的时候,有一次应邀出席俄语系举办的文学翻译研讨会。许多翻译名家聚集一堂,研讨了一整天,最后,主持人在做总结时说,经过一天的讨论,大家的共识是:要做好文学翻译,译者的外语和汉语水平都要好。听了这样的"结论",大家都笑了起来:为了这样一个结论,难道需要各路专家开一整天的会吗?当然,这是简而言之。实际上,通过一天的研讨,与会者还是在不同程度上从同行的翻译经验中受到了启发。

翻译本身是一项个人的脑力劳动,译作的质量取决于译者的悟性及其译入语和译出语水平的高低,这是不言而喻的。好的诗歌译者对原诗有透彻的理解,然后又能用自己的语言准确、鲜明、生动地转述原诗的内容,并关照原诗的风格与神韵。当然,不同的译者具有不同的特点,这就是为什么"十个译者会译出十个不同的莎士比亚"来。无论是"信、达、雅",还是"最佳近似度",都是一个综合指标,其中就包括对内容与形式、"表层含义与深层含义"的表达。

诗歌翻译有特殊性。既然要以诗译诗,既然诗的意境和韵律是一个整体,在翻译过程中,就必须考虑译诗和原诗在形似与神似、异化与归化上的和谐与平衡。绝对的和谐与平衡是不可能的。我们追求的只是"最佳近似度"。我谨就自己翻译阿根廷史诗《马丁·菲耶罗》谈一点体会。

《马丁·菲耶罗》是我翻译的第一部诗作。大学三年级时,我们有一位阿根廷籍外教(巴勃罗·杜契斯基),他选了《马丁·菲耶罗》的片段做泛读课教材。这部阿根廷史诗的内容和艺术风格吸引了我,于是我便试着将一些诗句译成中文。后来断断续续,日积月累,到了1979年,我译完了史诗的上卷——《高乔人马丁·菲耶罗》。1979年,我有机会去墨西哥学院进修,就想在那里继续把《马丁·菲耶罗》译完,恰好那里有几位阿根廷流亡的老师和学生,可以向他们请教翻译中遇到的问题。两年后回国时,我基本译完了,但还是有一些问题没解决。回国后,我认识了在第二外国语学院任教的阿根廷科尔多瓦大学文学系主任莱吉萨蒙教授,他是研究《马丁·菲耶罗》的专家,在他的帮助下,我终于完成了《马丁·菲耶罗》的翻译。译完之后便束之高阁,从未奢望出版。1984年,是史诗作者何塞·埃尔南德斯150周年诞辰,阿根廷政府要展览各种版本的《马丁·菲耶罗》,我国驻阿使馆与国内联系,希望尽快出版《马丁·菲耶罗》,送去参展。时间紧迫,只剩几个月的时间了,湖南人民出版社作为国家任务出版了此书。这个用中文吟唱的高乔歌手在他的故乡受到了热烈欢迎。1988年,北京大学校长丁石孙将《马丁·菲耶罗》送给来访的阿根廷总统阿方辛,后者立刻说:"我邀请译者访问阿根廷。"遗憾的是我当时在西班牙翻译《红楼梦》，未能成行。十五年后，为了庆祝中华人民共和国成立五十周年，译林出版社将《马丁·菲耶罗》收入英雄史诗丛书。该丛书荣获了当年颁发的优秀外国文学图书一等奖，我也因此获得了阿根廷总统颁发的"五月骑士勋章"。

我所以选这部史诗来谈翻译，是因为在翻译过程中，我从不自觉到自觉地追求译作与原作的近似，至于追求到了多少，就很难说了，尽力而已。

首先是诗歌形式的近似。史诗作者是在模仿行吟诗人（流浪歌手）的即席演唱，因而采用的是西班牙语中最常见的每行八音节的民歌体，而且一以贯之，七千二百行诗都是八个音节，绝大部分是每六行为一节；但是汉语中每行八个字的诗几乎没有，而每行七个字的则非常普遍，因此我决定用七言民歌体来翻译，这和原诗相似。原诗押韵，译诗自然也要押韵。但如何押韵？是模仿原诗，还是遵循汉语诗歌的格律？经过反复尝试，最终决定按照我们汉语诗歌的传统格律，效果更好，音乐感更强。仅以史诗开篇的六行为例：

原诗： 直译：

Aquí me pongo a cantar 在此我开始歌唱，
Al compás de la vigüela, 伴随古老吉他的节拍，
Que el hombre que lo desvela 一个莫大的悲伤
Una pena extraordinaria, 使人难以入睡，
Como la ave solitaria 像孤独的鸟儿，

Con el cantar se consuela 用歌唱自我安慰。

稍做加工，几乎直译为：

我在此放声歌唱，
伴随着琴声悠扬。
一个人夜不能寐，
因为有莫大悲伤。
像一只离群孤鸟，
借歌声以慰凄凉。

说"几乎直译"，名副其实：改动大一点儿的是"伴随古老吉他的节拍"变成了"伴随着琴声悠扬"，但意思相差无几；"用歌唱自我安慰"变成了"借歌声以慰凄凉"，这虽是押韵的需要，但也不违背原意。我想，要是连这一点"自由"都没有，如何能以诗译诗呢？

这一段在台湾地区的一个译本中是这样的：

在这里我要开怀吟咏，
弹奏着我的古琴，
因为我这不眠的人，
从心中升起了一缕幽怨，
也正如一只失群的孤鸟，
用吟咏化除自己的忧心。

就语言风格而言，台湾版的《马丁·菲耶罗》不够口语化，不大符合原著的风格。另外，第二行中的"vigüela"在西语中不常见，其本义是"一种古老的吉他"，译作古琴，似不妥，因为我国有一种乐器叫古琴，容易引起歧义。区区六行诗，而且是很容易理解的六行，就有这么多可说之处，可见翻译实在不是一件容易的事情。其实，翻译这部史诗的难点在于理解，因为书中的"土话"太多，作者又在模仿高乔歌手的口吻，有时会吃掉字母，使译者莫名其妙，望文生义，就会闹笑话。如书中第一章的第八段，原文是这样的：

Me siento en el plan de un bajo

A cantar un argumento:

Como si soplara el viento

Hago tiritar los pastos,

Con oros, copas y bastos,

Juega allí mi pensamiento.

对第一行的理解是关键，第一个词："Me siento"可以是两个动词的第一人称变位，"我坐在……"或"我觉得……"，接下来的"en el plan de un bajo"，直译是"在一块低地的计划上"。无论是"坐在"还是"觉得"，都不可能"在一块低地的计划上"。怎么回事呢？原来是高乔人将plano（平地）的最后一个元音字母o吃掉了，结果变成了plan（计划）。倒数第二行中的"oros, copas y bastos"是西班牙纸牌中的金币、金杯和

金棒。台湾同行就是把"平地"理解成"计划",结果就译成:

一个计划由我内心升起,
唱吟一段历史的往绩,
但愿如清风飘扬,
我将踏破云的陇墙,
旨酒金杯纸牌伴随,
灵心其中怡然悠悠!

我的译文同样几乎是直译:

我坐在低矮平地,
唱一桩往事传奇。
像是那清风习习,
吹牧草瑟瑟战栗。
各种牌应有尽有,
出什么随心所欲。

应当指出的是,最后的两行是意译,没有把"金币、金杯和金棒"等纸牌的名字译出来,只是加了注释而已,这就是通篇译成七言的局限。所以一般还是不要有字数限制为好。

又如该书上卷第八章里有这样的诗句:

Él nada gana en la paz

Y es el primero en la guerra;

No le perdonan si yerra,

Que no saben perdonar,

Porque el gaucho en esta tierra

Sólo sirve pa votar.

台湾版的译文：

在平安时他什么也赚不到手，
在战斗中，他却该一马当先，
如果他错误，却无人予以宽宥，
并且也不会对他宽恕，
因为在这个地方的高卓人，
只是用来作为投票。

就理解而言，没有错，但似乎不像诗。我的译文是这样的：

和平时分文不挣，
打仗时要你冲锋。
出差错无人原谅，
哪有人懂得宽容。
高乔人别无他用，

只是为投票而生。

另一段的语言更加诙谐,也更加犀利,原文是这样的:

Para él son los calabozos,
Para él las duras prisiones,
En su boca no hay razones
Aunque la razón sobre;
Que son campanas de palo
Las razones de los pobres.

原诗的最后两行是一句格言:"穷人的道理是木头的钟。"类似"衙门口,朝南开,有理没钱莫进来"的意思。台湾版译为:

对他只有狱牢,
对他只有桎梏,
他的话语总不会有理,
纵然是理由十足,
只有棍棒交柢,
这就是对穷人的讲理。

我虽也近乎直译,但却将最后的两句合并为一句,然后像歇后语一样,加一句解释,使诗句的意思更加鲜明:

对于他只有牢笼,
对于他只有酷刑。
尽管是理直气壮,
总诬你理屈词穷:
穷人道理是木钟——
干敲不响无人听!

《马丁·菲耶罗》是叙事诗,又称"诗小说"。在我们讨论诗歌时,一般是指抒情诗。抒情诗和叙事诗不同。后者有情节,有故事,有逻辑性,而抒情诗,尤其是现当代诗歌,没有情节,甚至没有逻辑,靠的是意象,是比喻,是想象力;译者很难吃透原诗的内涵,翻译起来自然就不容易了。

译诗,首先要理解诗。理解原诗,首先要"设身处地",要"进入角色",要体会诗人在彼时彼地的情感和心态。这样,对原诗的理解就不会有太大的偏差。译诗与原诗,只能"似",不可能"是"。说"进入角色",是因为译者有点像演员,是二度创作。比如,人艺的舒绣文和李婉芬都演虎妞,但她们的扮相、神采、韵味,各有千秋,但都没有离开原作,都是老舍先生《骆驼祥子》里的虎妞。你一定要说哪一个更像,恐怕就见仁见智、众说纷纭了。

我们再换个角度,看看外国人如何翻译我们的诗词。墨西哥的大诗人帕斯,1990年诺贝尔文学奖得主,他也是一位翻译家,而且翻译过杜甫、王维、苏轼等人的诗歌。当然,他不懂汉语,是从英文转译的。只举他译的两句诗。一句是杜甫的《春望》里的"城春草木深",他译成了"marzo, verde marea, cubre calles y plazas",即"三月,绿色的潮淹没了街巷和广场"。如果将绿潮理解为植被(草木),街道和广场指代城镇,"淹没"表明"草木之盛",虽也不无道理,但我相信,国内译者大概无人敢进行这样的"二度创作"。可诗句中的"三月"是从哪里来的呢?原来译者将第五行的"烽火连三月"中的"三月"理解成了三月份,并且提前到了第二句,所以就把"烽火连三月"译成了"Hablan torres y almenas el lenguaje del fuego (碉楼和垛口说着火的语言)","连三月"就不见了。

我要说的帕斯译的另一句诗,是苏轼的《江城子》词中的"十年生死两茫茫",帕斯把这句诗译成了两行:"Diez años: cada día más lejos, / Cada día más borrosos, la muerta y el vivo."。直译为"十年了:日渐遥远, / 日渐模糊,死者和生者。"稍加改动,可译为"十年了:越来越模糊, / 越来越遥远,生者与死者之间。"

原诗的 7 个字(音节)变成了译诗的 10+14=24 个音节。在西汉—汉西诗歌翻译中,我们能翻译的主要是诗的意境,而不可能是诗的韵律。

当然,我举的几个例子都是翻译古典诗词的例子。译现代诗要容易一些,但也不像人们想象的那么容易。我在西班牙翻译《红楼梦》时,一本文化季刊(《拾遗》)要我给他们译几首诗。记得我选了 16 首,其中有顾城的《远和近》(你 / 一会看我 / 一会看云 / 我觉得 / 你看我时很远 / 你看云时很近)这是一首没有任何难度的小诗,经过与何塞讨论,我们翻译为:"Tus pupilas / se fijan en mí / luego en las nubes. / Qué lejos cuando te fijas en mí / y cuán cerca cuando en las nubes."。直译回汉语是:

你的双眸/注视我/然后是云/多么远啊,当你注视我/多么近啊,当你注视云。

原诗虽短,但重复的字眼甚多:"一会"两次,"你"三次,"看"四次。这在西语中是不可能的。译文中唯一重复的是前置词(介词)"en",在西语中是不可避免的,因此无关紧要。把"看"改为"注视",因为"看"字在西语中太"泛",把第一个"你"换成"你的双眸",也使动词的形式因变位而有所变化。译文中虽然去掉了"我觉得",但从上下文完全可以看出这是"我觉得"。总之,译文和原文的相似度还是蛮高的。有一次,我在给格拉纳达一所高中的师生们做讲座时,读了这首小诗的中文和译文,读过之后,他们热烈地鼓掌,我听出这并非完全出于礼貌。有一位教师在座谈时说:"您读的那首诗虽然短,但我觉得那一定是一位会进入文学史的诗人。"

现在有很多诗人都想把自己的诗翻译成外文。如果请中国人翻译,最好找一位外国诗人润色;如果请外国人翻译,最好找一位中国学者审校,因为外国人有时会在很简单的问题上出错。2000年,我在马德里拜会一位有名的女诗人,她很高兴地把自己和一位懂中文的年轻人合译的《王维诗选》送给我,书印得很漂亮,古色古香,可我打开一看,第一行是"树枝上的荷花",荷花怎么会在树枝上呢?一看汉语,王维的《辛夷坞》:"木末芙蓉花,山中发红萼。涧户寂无人,纷纷开且落。"原来译者不知道这里的芙蓉是木芙蓉,不是荷花(水芙蓉),因此就出了这样的笑话。听了我的解释以后,女诗人还说:"我知道荷花不会开在树上,我还以为这是超现实主义呢!"原来超现实主义在唐朝就有了!

此外,作为一个诗歌译者,我愿提醒诗人朋友们:当您读一首译诗的时候，要心中有数，"译作"非"原作"，那是译者写的，并非作者写的。我认为：诗歌翻译要像创作，而诗歌创作千万不要像蹩脚的翻译。

最后，还要说两句：西班牙语文坛群星璀璨、名家辈出，为何单单选这七位的作品呢？主要是因为他们的作品好，并不是因为我翻译得好。至于为什么选这七位，我愿重复自己在做系主任评职称时常说的一句话：由于名额限制，我无法承诺让符合条件的老师都晋升为教授，但是我保证晋升为教授的老师都有教授的水平。同样，由于篇幅限制，我无法让西班牙语的重要诗人或作家都入选本书，但是我保证入选本书的这七位都是西班牙语重要的诗人或作家。

赵振江

2021 年 1 月 1 号

于蓝旗营五牛斋

目录

丛书编辑说明···i
丛书总序···罗选民 iii
译者自序···赵振江 vii

第一章 《马丁·菲耶罗》节选
《高乔人马丁·菲耶罗》(第一章)·························9
《马丁·菲耶罗归来》(节选)·····························16

第二章 胡安娜·伊内斯·德拉·克鲁斯诗作六首
对一味责备女性、自己言行不一的男人们的反诘········74
点点珠泪慰痴情···79
我难于接近的宝贝的身影····································80
抱怨命运:厌恶陋习、取悦缪斯····························81
揭穿所谓激情真实赞美女诗人肖像的谎言··············82
当神恩激励我··83

第三章　鲁文·达里奥诗作七首

春 …………………………………………… 91

神游 ………………………………………… 97

我是这样的诗人：刚刚写过 ………………… 106

致罗斯福 …………………………………… 113

为我们的堂吉诃德先生连祷 ………………… 117

命中注定 …………………………………… 122

流浪之歌 …………………………………… 123

第四章　安东尼奥·马查多诗作十五首

我走过多少道路 …………………………… 134

童年记忆 …………………………………… 136

夏日明亮的下午 …………………………… 138

亲爱的，微风谈论着 ………………………… 141

你总逃避 …………………………………… 143

孤独而又可爱的少女啊 ……………………… 144

噢，友好的夜晚 …………………………… 145

肖像 ………………………………………… 147

在杜埃罗河畔 ……………………………… 150

伊比利亚人的上帝 ………………………… 154

致老榆树 …………………………………… 158

那边，在高原 ……………………………… 160

一个夏日的夜晚 …… 161

箴言与歌谣 …… 162

献给年轻的西班牙 …… 168

第五章　加布列拉·米斯特拉尔诗文选

孤独的婴儿 …… 179

爱是主宰 …… 180

天意 …… 182

死的十四行诗 …… 186

大树的赞歌 …… 189

忆母亲 …… 193

四瓣花 …… 199

少一些神鹰,多一些小鹿 …… 200

第六章　加西亚·洛尔卡诗作八首

艺术家十诫 …… 211

夏日情歌 …… 212

海水谣 …… 215

告别 …… 217

三水谣 …… 218

梦游人谣 …… 221

西班牙宪警谣 …… 226

死神舞……………………………………………… 234
诗人请求情侣给他写信…………………………… 239
甜蜜的怨言………………………………………… 240

第七章　宝石与燧石
宝石与燧石………………………………………… 245

赵振江译著年表………………………………… **301**

第一章 《马丁·菲耶罗》节选

〔阿根廷〕何塞·埃尔南德斯著
赵振江译

马丁·菲耶罗

MARTIN FIERRO
JOSE HERNANDEZ
CASA EDITORIAL POPULAR DE HUNAN
REPUBLICA POPULAR CHINA

导读

一般说来，民族史诗是民族文学的源头，多是在口头流传的基础上形成的。《马丁·菲耶罗》是讲述阿根廷高乔人的长篇叙事诗，有人称其为"高乔人的圣经"。至于它究竟是不是真正意义上的史诗，评论界尚有争论。有人认为它是史诗，有人则称它是"诗小说"。笔者认为，它虽不是"原生态"史诗，但它的形式、内容以及篇幅完全符合一般英雄史诗的规范，它是阿根廷高乔人的史诗。

《马丁·菲耶罗》分上下两部，《高乔人马丁·菲耶罗》(1872)和《马丁·菲耶罗归来》(1879)，共46章、1588节、7210行。全诗的主人公即马丁·菲耶罗，主要情节是叙述高乔人的不幸遭遇以及他们为争取公平正义而进行的抗争。马丁·菲耶罗原本在家乡的土地上过着田园牧歌式的生活。后来便像许多高乔人一样，被抓到边界地区与印第安人作战，历尽边关之苦。由于不堪忍受上司的凌辱，他逃回家乡。老婆孩子都已不知去向。他只得离乡背井四处流浪。在颠沛流离的过程中，由于言语相讥，他又两次与人格斗，杀死一名黑人和一名高乔人，从而成了一个惶惶不可终日的逃犯。一天夜里，他终于被警察发现了！他只身一人，单刀匹马，力抵群敌。这时意想不到的事情发生了：一位军曹为马丁·菲耶罗的勇气所感动，便反戈一击，和他一起把警察杀得大败而逃。从此，他俩就相依为命，成莫逆之交。军曹克鲁斯也是高乔人，长诗上部描述了他与马丁·菲耶罗极为相似的不幸遭遇。就这样，两个朋友决心穿过沙漠，到印第安人中间去寻找栖身之地。七年之后，在读者强烈的呼吁声中，史诗的续篇《马丁·菲耶罗归来》问世。一开始写马丁·菲耶罗和克鲁斯到了一个印第安人部落。那里正在集会，部署偷袭白人的军事行动，他们被当成奸细抓起来。一位酋长救了他们的性命，但他们却成了俘虏。作者在此加了个楔子，描写印第安人的原始生活、社会习俗、风土人情。后来，克鲁斯死于瘟疫，马丁·菲耶罗在他的墓前缅怀好友，悲痛欲绝。这时，他发现一个印第安人正在虐待一个掳来的白人妇女，便拔刀相助，杀死了印第安人，同那个女子一起逃到了高乔人居住的地方。此后，他找到了两个失散的儿子，他们又叙述各自的经历：长子由于无依无靠，给人打短工，后来被诬告判刑，发配边关充军，受尽了千辛万苦；次子遇到一位绰号"美洲兔"、饱经风霜的老人做养父和监护人，老人经常以切身的体会给他讲为人处世之道。就在马丁·菲耶罗父子欢庆团圆之时，有一个名叫皮卡尔蒂亚（意为"流浪小子"）的人，也要求伴着琴声讲述往事。当他讲了种种人情冷暖、世态炎凉之后，马丁·菲耶罗发现他原来就是好友克鲁斯之子。故事临近尾声，又来了一个黑人向马丁·菲耶罗挑战，要求与他对歌。当对歌结束时，才知道这位黑人歌手原来是被马丁·菲耶罗所杀的那个黑人的弟弟。他是来为哥哥报仇的。最后，马丁·菲耶罗领着孩子们走了。他对他们进行人生哲理的教育,以便各奔前程,自谋生路。全诗以马丁·菲耶罗的自弹自唱而结束。

作者何塞·埃尔南德斯(1834—1886)具有19世纪阿根廷作家典型的双重性格,既是思想家,又是实干家,不过他的实干家气质更为明显。在文学方面,当萨米恩托将欧洲浪漫主义奉为楷模的时候,埃尔南德斯却对身边的高乔诗歌产生了浓厚的兴趣。当时有人认为,高乔诗歌没有文学价值,不过是茶余饭后消遣的玩意儿。埃尔南德斯决心以自己的创作来抵制评论界的偏见。他于1872年发表了《高乔人马丁·菲耶罗》。七年后,在读者的强烈要求下,又发表了长诗的续篇《马丁·菲耶罗归来》。

从此以后,人们对埃尔南德斯的军人、记者和社会活动家的身份已经不感兴趣,而只把他当作自己的歌手,当作人民中的一员了。每当人们见到他的时候,就干脆叫他"马丁·菲耶罗"。这不仅因为他留着丘比特式胡子的堂堂仪表和衣着服饰与高乔人颇为相似,而且还因为马丁·菲耶罗的典型性格中确实有作者的身影。1880年,何塞·埃尔南德斯当选为众议院副议长和阿根廷红十字会主席。但是在人们的心目中,马丁·菲耶罗就是何塞·埃尔南德斯的化身。1886年10月22日,一家阿根廷报纸以这样的标题赫然宣布:"参议员马丁·菲耶罗昨日与世长辞"。

1883年,法国-阿根廷籍诗人格鲁萨克在《智慧旅行》第二卷中描述了自己拜访法国的伟大诗人维克多·雨果的经历:"我感到非常严肃,就好像待在《马丁·菲耶罗》的作者何塞·埃尔南德斯的家里。"

阿根廷作家、诗人卢贡内斯要求把《马丁·菲耶罗》称作史诗,誉

阿莱·埃尔南德斯

为阿根廷的"民族之书"。苏格兰散文家和历史学家卡莱尔（1795—1881）说："从《神曲》中可以解读意大利，而从《堂吉诃德》中可以解读西班牙。"卢贡内斯在他的启发下，则宣称"我们阿根廷人终于有一本带有这种性质的书了"。而这一本书，无疑指的就是《马丁·菲耶罗》。他说："埃尔南德斯的这本书中有我们的根源，如同在《伊利亚特》中有希腊人的根源，在《罗兰之歌》中有法国人的根源一样。"

阿根廷诗人、作家、历史学家罗哈斯（1882—1957）在他的《阿根廷文学》中说："人们创建城市，一开始只是修一些小堡垒；然后把他们的行动渐渐地呈辐射状向荒野伸延开来，他们与处女地搏斗，与奥卡人[1]搏斗，还要忍受尚不完善的社会机构的不公正对待；他们对人世、对正义充满信心，他们在这种与生俱来的力量的驱使下，无所畏惧地朝前闯；这就是高乔人马丁·菲耶罗的生活；这就是整个阿根廷人民的生活。"

尤其值得一提的是西班牙"九八一代"诗人米格尔·乌纳穆诺（1846—1936）的见解："在《马丁·菲耶罗》中，史诗的成分和抒情的

---

1 奥卡人是好斗的阿劳科人（生活在智利和阿根廷的印第安人）的分支。

成分紧密地互相渗透，互相融合，这完全是我所了解的西班牙语美洲式的东西。……这是不灭的西班牙母亲的回声，是父母遗留给他们的鲜血与灵魂的回声。《马丁·菲耶罗》是西班牙的斗士之歌，这些斗士在格拉纳达竖起了十字架以后，就到美洲去了，为的是朝着文明前进，为的是去到莽原上开拓道路而充当先锋。"

而相比之下，西班牙杰出的文学史家和文学评论家梅嫩德斯·伊·佩拉约（1856—1912）的观点更加明确："阿根廷人一致认为，高乔文学的代表作是何塞·埃尔南德斯的《马丁·菲耶罗》。"要说对《马丁·菲耶罗》的评价，阿根廷当代著名作家博尔赫斯的论断最具权威性。他不仅创办过题为《马丁·菲耶罗》的先锋派诗刊，还写了一本题为《马丁·菲耶罗札记》(1929)的书。他在这本书的结论部分说："在欧洲和美洲的一些文学聚会上，常常有人问我关于阿根廷文学的事情。我总免不了这样说：阿根廷文学（总是有人不把它当回事）是存在的，至少有一本书，它就是《马丁·菲耶罗》。"并说："以它的优秀而论，它完全可以和属于19世纪的无人不知的小说家们，如狄更斯、陀思妥耶夫斯基和福楼拜的作品齐名。"

在论及《马丁·菲耶罗》在文学史上的地位时，有人把它和《堂吉诃德》做了一个类比。虽然有些牵强，却也不无道理。如果说《堂吉诃德》是达到了一种文学形式——骑士小说的顶峰，从而结束了骑士小说的时代的话，那么《马丁·菲耶罗》则是达到了另一种文学形式——高乔史诗的顶峰，同样结束了高乔史诗的时代。《马丁·菲耶罗》自出版以后，就受到了阿根廷人民的爱戴。他们把这部作品看成自己的民族史诗。据说当时在偏僻的乡村小店里，除了火柴、啤酒、沙丁鱼罐头……，还要摆上几本《马丁·菲耶罗》[1]。这就是这部史诗的人民性，这就是它的社会价值，这就是对一部文学作品的最好奖赏。

由于篇幅所限，这里只选了上卷开篇的第一章和下卷结尾的四章。在结尾的四章中，有马丁·菲耶罗和黑人歌手的对唱。黑人歌手是来为其兄长（被马丁·菲耶罗杀死）复仇的，但已不是用兵刃，而是用文明的形式——对歌。至于翻译史诗的心得体会，序言中已有介绍，不再赘述。唯一要强调一下的是史诗的语言，作者在模仿行吟歌手的即席演唱，后者只是"粗通文墨"，不会字斟句酌，因此原文中不仅俚语、俗语、歇后语甚多，用词不当之处也时而有之，细心的读者或许会发现，唯愿能体察作者和译者的良苦用心。

---

[1] 据博尔赫斯在《马丁·菲耶罗札记》中说，在1894年版的按语中，编者说："我的一位顾客，他是个批发货栈老板，昨天他给我看一位乡村酒店老板的订货单：12包火柴；一桶225升的啤酒；12本《马丁·菲耶罗归来》；100个沙丁鱼罐头……"

《高乔人马丁·菲耶罗》（第一章）

一

我在此放声歌唱，
伴随着琴声悠扬。
一个人夜不能寐，
因为有莫大悲伤。
像一只离群孤鸟，
借歌声以慰凄凉。

我乞求上苍神明，
帮我把思绪梳拢：
因为在此时此刻，
我要将往事吟咏。
请让我记忆分明，
并使我理智清醒。

求神圣各显奇能，
来助我一臂之力。

15	眼发花无法看清，
	舌打结不能言语。
	求上帝将我佑护，
	度过这窘迫时机。
	曾见过多少歌手，
20	俱都已功成名就。
	可就是从此以后，
	未能将声誉久留。
	起跑前耗尽气力，[1]
	岂能够独占鳌头。
25	克里约[2]所到之处，
	菲耶罗更能到达。
	征途中从不却步，
	鬼怪也无奈于他。
	人人在高歌吟咏，
30	我也将豪情抒发。
	我本当引吭高歌，

---

1 赛马前，两匹马要同时从起跑线出发，否则无效。有时为使对手的马疲劳，骑手们故意反复起跑。

2 克里约即美洲出生的欧洲人后裔。这里指高乔人。

　　　　　一直到入殓盖棺。
　　　　　我情愿吟唱而死，
　　　　　直唱到圣父跟前：
35　　　　孕育在母亲腹内，
　　　　　已神往人世歌坛。

　　　　　愿口舌莫要失灵，
　　　　　新词汇无尽无穷：
　　　　　我要唱光荣业绩，
40　　　　在此处放开喉咙。
　　　　　我定要引吭高歌，
　　　　　哪怕它地陷天倾！

　　　　　坐在这山脚平地，
　　　　　唱一段佳话传奇。
45　　　　宛似那清风习习，
　　　　　吹牧草瑟瑟寒栗。
　　　　　各种牌[1]应有尽有，
　　　　　出什么随心所欲。

　　　　　我根本不通文墨，

---

[1] 各种牌即金币、金棒、金杯等花色的纸牌。在此即唱什么都可随心所欲的意思。

50　　　但却要引吭高歌。
　　　　歌喉将永无休止，
　　　　直唱到耳聋齿落。
　　　　音色清清如泉水，
　　　　似浪花滚滚成河。

55　　　轻抚这六弦古琴，
　　　　喜格调高雅清新。
　　　　一旦我开怀吟咏，
　　　　自当是盖世超群。
　　　　挑大弦嫠妇哀怨，
60　　　拨小弦游子沉吟。

　　　　羊群里我是头羊，
　　　　牛群里我亦称王。
　　　　生来便不同凡响，
　　　　不服气可来较量。
65　　　站出来唱上一曲，
　　　　比一比谁弱谁强。

　　　　遇风险无所畏惧，
　　　　全不怕白刃临头。
　　　　我懂得善以善报，

　　　　　　也知道以仇对仇。
70
　　　　　　困窘事般般皆有，
　　　　　　谁见我犯过忧愁。

　　　　　　吉或凶本由天定，
　　　　　　事临头我自从容。
75
　　　　　　将世界比作擂台，
　　　　　　对此举不必吃惊：
　　　　　　既然你是条好汉，
　　　　　　处处应抢占上风。

　　　　　　要知道我是高乔，
80
　　　　　　正如同常言说道：
　　　　　　这大地应更辽阔，
　　　　　　我真是嫌它太小。
　　　　　　毒蛇信不把我伤，
　　　　　　太阳光不把我烤。

　　　　　　我如同自由之鱼，
85
　　　　　　出生在深深海底。
　　　　　　只要是天主恩赐，
　　　　　　任何人休想夺取。
　　　　　　原本是我的东西，

90 不能少一分一厘。

自由是我的荣光，
生活像飞鸟一样。
不在此建窝筑巢，
都只为苦多愁长。
95 任何人休想追上，
一旦我展翅翱翔。

我未曾享受爱情，
自由却给我报偿；
恰如同美丽小鸟，
100 跳跃在花木枝上。
苜蓿草权作卧榻，
身披着闪闪星光。

陈述我痛苦遭逢，
大家要仔细聆听。
105 要不是万不得已，
我不会厮杀拼命。
不平事屈指何多，
受凌辱最是难容。

110　　　　　诸位请赏光细听，
　　　　　　高乔人诉说衷情；
　　　　　　他曾是贤夫慈父，
　　　　　　既强干又复精明。
　　　　　　竟拿他当作强盗，
　　　　　　看世上何等无情！

《马丁·菲耶罗归来》(节选)

三十

马丁·菲耶罗

每当那琴弦作响,
每当那音韵铿锵,
我从不落在人后,
岂能够不战自降;
我曾经发过誓愿:
绝不容他人逞强。

听众们务请注意,
观众们不必多言,
我恳求大家原谅,
事情本一目了然:
人不能摆脱诱惑,
便很难十美十全。

倘若是优秀歌手,

3930 　　就应该胜人一筹，
　　　　两个人如果相遇，
　　　　又未分谁劣谁优，
　　　　就应该对歌较量，
　　　　看谁能独占鳌头。

3935 　　一旦有时机来到，
　　　　人就该显示才能。
　　　　会做的若是不做，
　　　　那可是错误举动。
　　　　要别人千呼万唤，
3940 　　那便是徒有其名。

　　　　我从小就是歌手，
　　　　这本是我的幸运。
　　　　但命运将人捉弄，
　　　　使得我连遭不幸。
3945 　　从此我不唱别的，
　　　　只歌唱我的苦痛。

　　　　我对那幸福时光，
　　　　将永远牢记心上，
　　　　对后来不幸岁月，

3950 看能否将它遗忘。
谁若是信心十足,
调琴弦一起歌唱。

调琴弦一起歌唱,
唱一夜又有何妨。
3955 听众们都在等候,
岂愿意浪费时光。
让琴声尽述忧伤,
直唱到蜡尽天亮。

黑歌手将要出场,
3960 是否有夺标意图?
纵然你学识丰富,
也休想让我认输,
让咱俩一问一答,
见高低才能罢休。

3965 如果你心中喜欢,
咱可以唱到明天。
这是我多年习惯,
开口便通宵达旦:
要想当歌咏大师,

3970　　　　　　岂在乎地点时间。

　　　　　　　　谁若是没有胆量,
　　　　　　　　比一比优良劣差,
　　　　　　　　或者是对歌失利,
　　　　　　　　休怪我直言如下:
3975　　　　　　将海绵去当鼓打,
　　　　　　　　拿羊毛去当琴拉。

黑人歌手

　　　　　　　　先生们,本人只是
　　　　　　　　穷苦的六弦琴手,
　　　　　　　　但我要感谢苍天,
3980　　　　　　这机会千载难求,
　　　　　　　　遇见了一位歌手,
　　　　　　　　要试我黑人歌喉。

　　　　　　　　我也有白色东西:
　　　　　　　　牙齿就洁白如玉。
3985　　　　　　我懂得为人处世,
　　　　　　　　什么也不比人低。
　　　　　　　　如果是置身他乡,

我总是谨慎和气。

我母亲共生十子，
3990 　　前九个都很平常。
也正是因为这样，
上天才分外欣赏。
老母鸡生的鸡蛋，
第十个最有分量。

3995 　　黑人本温柔友爱，
尽管他并不自夸；
论热情独一无二，
心肠好驰名天下；
护弱小宁伤翅膀，
4000 　　宛似那河边野鸭。

可是我独来独往，
无拘束生来自由。
就像只无巢孤鸟，
天空中任意遨游，
4005 　　我学的一切知识，
都是由教士传授。

像别人一样知道，
为何有电闪雷鸣，
为什么一年四季，
4010　　　　　分成为春夏秋冬，
也知道天上雨露，
从何处落个不停。

我知道世间宝藏，
从大地腹中降生。
4015　　　　　哪里有黄金存储，
哪里有铁矿层层。
也知道火山爆发，
必然是天摇地动。

我了解海底深层，
有无数鱼群滋生，
4020　　　　　知树木为何成长，
知为何呼啸刮风。
这些事白人不懂，
可我这黑人精通。

4025　　　　　对我严我亦从严，
对我宽我亦从宽；

　　　　　　　如邀我对歌上阵，
　　　　　　　岂能够随便算完。
　　　　　　　试一试瘸子真假，
4030　　　　　要叫他走一走看。

　　　　　　　倘若是来此聚会，
　　　　　　　算我的一个缺点，
　　　　　　　尽可以责怪歌手，
　　　　　　　我高声请求包涵。
4035　　　　　可一个缺点在前，
　　　　　　　更大的定在后边。

　　　　　　　听一名歌手吟唱，
　　　　　　　总不会毫无所得，
　　　　　　　都应该侧耳聆听，
4040　　　　　别管他皮肤颜色。
　　　　　　　无知人会有收获，
　　　　　　　明智者收获更多。

　　　　　　　黑色的前额下面，
　　　　　　　有生命又有思想。
4045　　　　　人们都宁静安详，
　　　　　　　不拒绝听我歌唱，

夜晚也同样漆黑,
但却有星星闪亮。

现在起我就听宣,
4050　　问什么悉听尊便。
您愿意我就回答,
尽管是俗语村言。
要说那之乎者也,
我可是学疏才浅。

马丁·菲耶罗

4055　　黑人啊见多识广,
自不会疑惧担惊;
然而你已吞钓饵,
也只能伴着琴鸣。
莫迟延回答于我,
4060　　什么是天上歌声?

黑人歌手

听人说当初上帝,
第一个造了黑人。

与白人本无区分。
可白人高傲不逊,
4065　竟忘记问他名姓,
只对他称呼黑人。

白人画黑色魔鬼,
黑人画魔鬼白人,
无论是黑色白色,
4070　本不关是爱是恨,
造物主创造人类,
并未将等级划分。

前面已有言奉告,
这奉告达理通情,
4075　我虽是才疏学浅,
望诸位仔细倾听,
看看我能否讲清,
什么是天的歌声。

天会哭也会歌唱,
4080　再沉默也会发声。
哭泣时露珠滴落,
歌唱时呼啸刮风;

哭泣时雨从天降，
歌唱时雷电轰鸣。

马丁·菲耶罗

4085　　上帝造白人黑人，
并未分高低贵贱，
在同一十字架前，
使他们共受苦难。
为区分各种颜色，
4090　　才动手创造光线。

谁也别气急败坏，
并非是污辱欺凌。
人们对世上万物，
都应该赋予名称，
4095　　生下来即当如此，
谁会去夺他芳名。

我喜欢那种歌星，
不胡说又很镇定。
如果你学识高深，
4100　　蕴藏着智慧聪明，

告诉我在世界上，
什么是地的歌声？

黑人歌手

我才思极为可怜，
我理智十分渺小，
4105 为了能给你回答，
虽无知并不懊恼。
石块若碰上火镰，
会迸出火花闪耀。

根据我浅薄知识，
4110 且给你如下答复：
大地上歌声悠悠，
是母亲忧愁痛苦，
临死者悲切呻吟，
降生者呱呱啼哭。

马丁·菲耶罗

4115 黑人啊我提醒您，
准备好甜美嗓音，

男子汉技艺出众,
并不能使我吃惊。
会唱歌鸟儿无数,
4120　唯雄鸟歌声动听。

既然是从一出生,
会唱歌命中注定,
别自大也别自惭,
更不必心神不宁。
4125　我现在向你请教,
什么是大海歌声?

黑人歌手

会唱歌鸟儿无数,
歌声却各不相同。
谁若将他人仿效,
4130　不配有赞誉之声,
乌拉卡[1]善学人语,
唯雌鸟能占上风。

1　乌拉卡(uraca)是一种羽毛黑白相间的类似鹦鹉的鸟,据说只有雌鸟会学人说话。

　　　　　　　智慧啊请你助我，
　　　　　　　好赢得这一回合。
4135　　　　　回答虽如此艰难，
　　　　　　　但是我决不退缩。
　　　　　　　现在我给你说明，
　　　　　　　什么是大海之歌。

　　　　　　　当卷起暴雨狂飙，
4140　　　　　大海洋无所不包。
　　　　　　　放歌喉令人恐惧，
　　　　　　　就如同地动山摇。
　　　　　　　似乎它正在抱怨，
　　　　　　　被大地挤得心焦。

马丁·菲耶罗

4145　　　　　这一次我的提问，
　　　　　　　能考验你的聪明，
　　　　　　　你要想取得优胜，
　　　　　　　除非与圣贤结盟。
　　　　　　　请为我解释清楚，
4150　　　　　什么是深夜歌声？

黑人歌手

稳重人告诫青年：
路曲折切莫直奔。
我试着给你答复，
什么是深夜之音：
4155　对于它只能感觉，
来源却无处找寻。

这本是神奇奥妙，
隐藏在黑暗之中，
当有人发出呼唤，
4160　它便有相应回声，
恰似那幽怨无穷，
从哪来我说不清。

万物中只有太阳，
能穿透沉沉黑暗，
4165　黑夜里四方八面，
私语声若隐若现。
这是些幽灵声息，
求我们祈祷上帝。

马丁·菲耶罗

4170
黑人啊你的回答,
已使我知道底细,
看来你早有准备,
而且还受过教育,
你做的解释精辟,
晦暗却难遮真理。

4175
要结束这场对歌,
就该有求实精神。
因此我将你提醒,
咱二人比赛输赢,
别牵扯死者幽灵,
4180
让他与天主安宁。

我对你直言忠告,
赛歌中本无必要。
歌手的每句歌词,
应经过慎重推敲。
4185
从何处产生爱情,
我现在想要知道。

黑人歌手

这题目如此模糊，
我努力争取答复。
尽管这穷苦黑人，
4190　乡巴佬难说清楚，
但要想增长学识，
正是要自知不足。

鸟儿在空中相爱，
在那里自由飞翔。
4195　一旦它旅途结束，
停落在小树枝上，
就用那欢乐歌唱，
向情侣倾诉衷肠。

猛兽在窝中相爱，
4200　只是在称霸称雄，
发出了一声怒吼，
真令人胆战心惊。
他们因不会歌唱，
用咆哮表达爱情。

4205	鱼群儿色彩纷呈，
	相爱在深渊当中；
	人类则热烈相恋，
	只要他心跳不停；
	是上帝赋予生命，
4210	有生命就有爱情。

马丁·菲耶罗

好精明黑人歌手，
你解释我很爱听。
开始我对你嘲讽，
现在我将你敬重。
4215 我想再问一问你
对法律如何认同。

黑人歌手

这牵涉学说哲理，
本是我力所难及。
自从我自知愚昧，
4220 便广泛钻研学习，
对歌中要想胜我，

也并非那么容易。

我并非歌手明星，
相反我少才无能。
4225 轮到我放声歌唱，
我可要自己力争。
就如同马黛茶壶[1]，
开口后才会有用。

题目你随意挑选，
4230 尽都是棘手难缠，
不过我并不烦恼，
我自有方法答辩：
订法律本为众人，
却只将贫民惩办。

4235 法律似蜘蛛结网，
请恕我无知妄说。
有钱人从不畏惧，
有势者悠然自得。
大虫儿一冲就破，

---

1 这里所谓茶壶，是指泡制马黛茶用的葫芦。当然只有给它开了口，才能放进茶叶并将茶水倒出来。

4240	小虫儿总被捕捉。
	法律像苍天降雨,
	岂能够天下一样。
	受惩者鸣冤叫屈,
	这道理十分平常。
4245	法律就如同匕首,
	持刀人怎把己伤。
	将法律比作宝剑,
	这比喻十分恰当:
	持剑人总会知道,
4250	宝剑应砍向何方。
	从来是利刃向下,
	哪管他姓李姓张。
	有许多教授学者,
	学识广我不怀疑。
4255	但我是黑人老粗,
	对此事见解甚低。
	每天都看到法律,

它本与漏斗[1]无异。

马丁·菲耶罗

4260
黑人啊再听我言,
已知你很不简单。
你没有虚度岁月,
我高兴与你结缘。
已看出腹有珠玑,
对赛歌很有本钱。

4265
我现在要对你讲,
这本是理所应当。
谁如果服从真理,
就应为真理增光。
你皮肤虽是黑色,
4270
可心里却很亮堂。

我不会让人议论
滥用你忍耐之心。
如果你也想发问,
我同样平等待人。

---

1 漏斗一头大一头小,以此比喻法律的不公正。

4275 你现在即可开始,
因为我已经应允。

黑人歌手

舌头啊不要笨拙,
也不要颤抖哆嗦。
虽然是有关声誉,
4280 但谁能不犯过错。
既然想张帆远航,
就别怕海水扬波。

我将要向你发问,
既然你问我许多;
4285 这赛歌算你获胜,
如果能向我解说:
时间是怎么回事,
度量衡又是如何。

你如果能够回答,
4290 就算你赢得胜利。
我应该向你说明,
请不要惊奇不已,

　　　　　至今还未遇他人，
　　　　　能向我解释彻底。

4295　　　想知道却未如愿，
　　　　　因书中没有答案。
　　　　　你若能给我答复，
　　　　　对我是终生指南。
　　　　　请问你苍天上帝，
4300　　　造数量是为哪般？

　　　　　马丁·菲耶罗

　　　　　黑人啊你似鹰隼，
　　　　　降落在自己巢中，
　　　　　看来你准备充分，
　　　　　可我也成竹在胸。
4305　　　看看我能否答复，
　　　　　看看你是输是赢。

　　　　　只一个地球太阳，
　　　　　月亮也举世无双。
　　　　　应知道原本这样，
4310　　　造物主没造数量；

人类的主宰上帝，

只造就一个整体，

其余乃人类所造，

并学会数目统计。

黑人歌手

4315　　咱再看这个问题，

你能否圆满回答。

造物主既造万物，

自然是天机难察。

但我却弄不清楚，

4320　　造量具却又为啥？

马丁·菲耶罗

请注意细听我言，

我虽然见识短浅；

量具是人类创造，

为自己使用方便。

4325　　对此理无须惊愕，

这本来不难推测：

除人类生命之外,
上帝还测量什么?

黑人歌手

你若有真知灼见,
4330 我情愿甘拜下风,
谁若想当个歌手,
一切会触类旁通,
什么是重量含义,
现在就请你说清。

马丁·菲耶罗

4335 上帝的隐秘当中,
就包括这件事情。
上帝让一切重量,
全部都降临世上。
要按照我的猜想,
4340 只因有差劣优良,
要称称过错轻重,
就必须发明重量。

黑人歌手

如果能回答此事，
这比赛就算你赢，
4345　　我为你让出右首，
现在就请你说清：
时间是何时所创，
日和月为何分明？

马丁·菲耶罗

黑人啊我告诉你，
4350　　按照我智力所及，
时间啊只不过是
无尽的伸展延续，
它从来没有起点，
也永远没有终极。
4355　　因为它是个转轮，
转圆圈不会停顿；
人将它划成单位，
依我看只为划分：
生活过多少岁月，
4360　　还剩下多少光阴。

  我已经做出说明，
  答得快并不算赢。
  假如你还有疑问，
  或忘了什么事情。
4365 我随时听从吩咐，
  将你的问题说清。

  我并非自高自大，
  也不是自吹自擂，
  不过在竞赛时刻，
4370 就需要坚韧不摧，
  对于那庄园事物，
  我请你再唱一回。

  黑人啊请做准备，
  发挥你全部智慧，
4375 口齿要伶俐清爽，
  请对我细说细讲，
  带 R 的各个月份，[1]
  庄园里何人最忙?

---

[1] 在西班牙语中，一月、二月、三月、四月、九月、十月、十一月和十二月的拼写中都带 R，在阿根廷（南半球），这是忙于给牲畜剪毛、打烙印的月份。

黑人歌手

4380	对他人愚昧无知， 绝不应随意利用， 任何人技艺高明， 我都会认输屈从。 但是我无论何处， 都不会任人欺凌。
4385	我需要再次申明： 学识浅目不识丁， 对失利我不羞愧； 但却要把话说清， 谁要是欺人太甚，
4390	我不会笑脸相迎。
	比赛中能者取胜， 这规律合理合情； 无论谁参加竞争， 结果总大体相同：
4395	"半瓶醋"碰上里手， 那行家一定会赢。

              可见过旷野当中，
              常有人方向不明，
              心惆怅转来转去，
4400   不知道向西向东。
              失利的可怜歌手，
              也同样无所适从。

              树木也发出惨叫，
              遭狂风蹂躏欺凌，
4405   我在此发出忧怨，
              心苦恼所为何情？
              只因为失败之夜，
              凄惨惨难到天明。

              我说话从无反悔，
4410   老天爷可做见证，
              从今天直到永远，
              倘若有痛苦在胸，
              放歌喉只寻慰藉，
              绝不去争得美名。

4415   谁若是失去希望，
              就一定灰心沮丧，

　　　　　　可无处获得温情，
　　　　　　那生命岂能久长。
　　　　　　欢乐事对于穷人，
4420　　　向来就预兆不祥。

　　　　　　这一次痛苦觉醒，
　　　　　　我将会牢记终生：
　　　　　　尽管会得到慰藉，
　　　　　　再也不梦想飞腾：
4425　　　生来既不能上天，
　　　　　　向上瞧又有何用。

　　　　　　我请求诸位听众，
　　　　　　允许我把话讲明。
　　　　　　这次我决定前来，
4430　　　并非为比赛歌声；
　　　　　　此外还另有使命，
　　　　　　需要我将它完成。

　　　　　　大家已知道我娘，
　　　　　　生我们十个弟兄。
4435　　　老大已不在人世，
　　　　　　他最受大家尊敬。

　　　　　　可怜他死得冤枉，
　　　　　　命丧在暴徒手中。

　　　　　　剩下来九个兄弟，
4440　　　　像孤儿无靠无依。
　　　　　　实在因没有安慰，
　　　　　　想到此整天哭泣，
　　　　　　与那个杀人凶手，
　　　　　　从未能邂逅相遇。

4445　　　　亲兄长骸骨入土，
　　　　　　已然在地下长眠。
　　　　　　我来此不为移葬，
　　　　　　但倘若出现机缘，
　　　　　　我相信苍天有眼，
4450　　　　这笔账总会清算。

　　　　　　为了能善始善终，
　　　　　　愿与你再次对歌，
　　　　　　尽管我对你钦敬，
　　　　　　还想要再战三合，
4455　　　　唱一唱冤魂之死，
　　　　　　那凶手难逃罪责。

　　　　　　　先生们，至此为止，
　　　　　　　下面是临别之言。
　　　　　　　死者的九个兄弟，
4460　　　　　目前还都在人间，
　　　　　　　冤屈事他们永记，
　　　　　　　绝不忘这桩凶案。

　　　　　　　今后有何事发生，
　　　　　　　那将是天机玄妙。
4465　　　　　对将来无法掌握，
　　　　　　　只能在这里预料。
　　　　　　　命运会做何裁决，
　　　　　　　且等待来日揭晓。

马丁·菲耶罗

　　　　　　　浪费了多少口舌，
4470　　　　　终于将嘴巴关闭。
　　　　　　　看到你如此矜夸，
　　　　　　　我早已产生怀疑。
　　　　　　　果然是心中有鬼，
　　　　　　　又不愿泄露明提。

	我们已彼此相识，
4475	就凭这一番谈话，
	为了要寻找时机，
	且不必急于策划。
	我早已有所觉察
4480	这对歌已生变化。

	我不知未来如何，
	更不善神机妙算。
	但我却坚定不移，
	一定要走到终点。
4485	不管谁生在世上，
	都只能听命于天。

	由于那法官迫害，
	首先去充军戍边；
	然后是印第安人，
4490	使我又别有洞天；
	现在是这些黑人，
	帮我来安度晚年。

一母亲连生十子，

	世界上所见不多；
4495	或许这十个兄弟，
	全都是一丘之貉。
	母刺猬总生单数，[1]
	又都是同一规格。

	对肤色卑贱之辈，
4500	我从来不让寸分；
	每当他愤怒时刻，
	常常是包藏祸心，
	变得像有毒蜘蛛，
	随时在准备伤人。

	黑人中最好斗者，
4505	对他们我都熟悉。
	无论是体力眼力，
	他们都无人能及。
	只要我尚存一息，
4510	会给他最好教育！

但是人对于命运，

---

[1] 有的注释说，"单数"暗示黑人之母在 10 个儿子之外还有私生子；"同一规格"指同一性别。

都应该理得心安。
我不再寻衅闹事,
对角斗已不喜欢;
4515 但并非惧怕邪恶,
更不怕魔影蹁跹。

对歌虽全部结束,
却留下尾巴一条,
所以我尚难摆脱
4520 这一场是非争吵。
这正如常言所讲:
钉子将自己钉牢[1]。

三十一

这些话一经说完,
用心已显而易见。
4525 在场人尽力劝解,
为避免再起事端。
在中间劝说调停,
风波才平息和缓。

---

[1] 当马丁·菲耶罗想过平静生活的时候,却又节外生枝,黑人的到来又挑起了争端,正如当一个人钉完钉子,不想自己却被钉子给钉上了。

	马丁与几个孩子,
4530	为避免风浪再起,
	跨上马缓辔徐行,
	全无有半点恐惧。
	马行到一条小溪,
	下马来岸边站立。
4535	给坐骑卸下鞍鞯,
	席地坐稍事休息。
	在他们长幼之间,
	说不尽万语千言,
	因为有多少往事,
4540	发生在分离期间。
	在那里度过夜晚,
	凭借着星光点点。
	夜幕垂宛似帐幔,
	笼罩着一片黑暗。
4545	高乔人善于料理,
	手段高绝非等闲。
	马鞍桥枕在头下,
	将鞍垫当作褥垫。
	熟皮面质地柔软,
4550	可用来挡露遮寒。

奇里帕¹或者篷秋²,
直盖到脑袋下面。
利刃就放在身侧,
常言说有备无患。
4555 嚼子和马鞭在手,
坐骑就拴在旁边。
为了能确保安全,
缰绳头埋好踩严³;
尽管用套索拴住,
4560 人总从坏处着眼。
这才算安然入睡,
一整夜不把心担。
虽然距大路很远,
谨慎能确保安全,
4565 比在家还要放心,
伸开腿鼾声不断。
地上又没有臭虫,
胜过那双人床垫,

---

1 奇里帕是高乔人穿的类似围裙的衣物,盖住腰部到膝下的部位。
2 篷秋是阿根廷的高乔人和美洲印第安人的衣物,是一个长方形的毛织物,中间有个孔,头可以钻进去,披在身上。
3 当高乔人在旷野过夜时,往往用 10 米多长的套马绳将马拴住,使马能在较大的范围内吃草,因无树木可拴,故将绳子一端的铁环埋在地下。露水和摩擦对皮绳有损,故下面说这并非尽善尽美的办法。

	睡上去不会拥挤,
4570	这样做谁不喜欢。
	无论谁是在何处,
	睡一夜又有何难,
	以后便夜复一夜,
	无非是如此这般。
4575	小鸟将他们唤醒,
	当东方发白亮天。
	就寝前未曾吃饭,
	因此上睡梦不酣。
	只有那一天夜晚,
4580	他们得欢聚团圆。
	大家都心花怒放,
	这才是福满人间。
	但不能长此欢聚,
	只因为贫困饥寒。
4585	都同意分居单过,
	各自奔西北东南。
	分头找栖身之所,
	才能够减轻负担。
	在他们分手之前,
4590	为打开新的局面,
	在那个寂静时刻,

马丁他三思而言。
对眼前几个孩子,
心里话侃侃而谈。

三十二

4595　是父亲也是友人,
　　　是劝告也是教训。
　　　对你们我要提醒,
　　　生活中处处小心:
　　　谁知道哪个角落,
4600　有敌人暗里藏身。

　　　除去那不幸生活,
　　　我没有其他学校。
　　　如果我做过错事,
　　　请不必大呼小叫,
4605　谁若是未进校门,
　　　许多事无从知道。

　　　有些人知识渊博,
　　　必然是才气纵横;
　　　有些人事事全懂,

4610　　　却未必样样精通。
　　　　　比起那不分好坏,
　　　　　学好人更加高明。

　　　　　对我们若无教益,
　　　　　就不必放在心间。
4615　　　对待那陌生男子,
　　　　　瞭一眼就应看穿。
　　　　　首先要知其秉性,
　　　　　因何故怒气冲天。

　　　　　切勿将心中希望,
4620　　　寄托于任何个人;
　　　　　哪怕是最大不幸,
　　　　　也只对上帝交心。
　　　　　只结交一个知己,
　　　　　交两个就须谨慎。

4625　　　缺点与领地不同,
　　　　　它没有范围界限;
　　　　　此事是天经地义,
　　　　　人再好也不能免。
　　　　　你自身也有缺点,

4630	对他人就该从宽。
	朋友若处于困境，
	决不能置之不理；
	但不可有求于人，
	也不要心存希冀。
4635	好朋友相交莫逆；
	永远是诚心诚意。
	无论是恐惧贪婪，
	二者都害人匪浅。
	不要因破点钱财，
4640	心中就懊恼不安。
	对穷人必须帮助，
	对富人不必乞怜。
	谁如果尊重他人，
	土著中都能安身。
4645	要做到从容镇定，
	就应该处处小心；
	对弱者需要谨慎，
	对强者更守分寸。

	劳动是金科玉律，
4650	只因为人有需求。
	你如果陷入窘境，
	千万莫痛苦忧愁。
	如果要伸手求救，
	心便会滴血不休。

	人人都应该工作，
4655	焉能够不劳而获。
	贫困总千方百计
	将人们追逐逼迫，
	贫困想挨户做客，
4660	进谁家谁必懒惰。

	对谁也不要恐吓，
	因为谁都不胆怯。
	鲁莽者恐吓他人，
	但很快就会发觉：
4665	眼前就存在危险，
	无形中会有威胁。

| | 为了能战胜风险， |
| | 为了能逃出深渊， |

凭着我切身经验，
4670 在此我敢于断言：
对自己要有信心，
自信心胜过刀剑。

人生来就有灵性，
靠它来支配行动，
4675 否则便难以为生。
我经验早已证明：
一些人谨慎行事，
另一些玩世不恭。

人若是强干精明，
4680 善于将时机利用。
如果我比喻不错，
请你们仔细听清：
机会就犹如生铁，
趁热打才能成功。

4685 人若将东西丢掉，
往往能四处寻找；
但是我忠言相告，
请你们用心记牢：

　　　　　　　要是将廉耻丢掉,
4690　　　　永远也休想找到。

　　　　　　　弟兄们不要分离,
　　　　　　　这本是天经地义。
　　　　　　　一定要真诚团结,
　　　　　　　无论在什么时机;
4695　　　　倘若是分崩离析,
　　　　　　　岂能不败于外敌。

　　　　　　　对长者应该尊重,
　　　　　　　嘲讽他不算本领。
　　　　　　　如果与生人相处,
4700　　　　一定要眼亮心明。
　　　　　　　常言说察人善恶,
　　　　　　　就看他与谁同行。

　　　　　　　当仙鹤老态龙钟,
　　　　　　　它便会双目失明。
4705　　　　儿女们一旦长大,
　　　　　　　就尽心将它照应。
　　　　　　　你们要效法仙鹤,
　　　　　　　学习它孝顺温情。

　　　　　如有人侮辱你们，
4710　　纵然不与之较量，
　　　　　但也要时刻提防。
　　　　　只因为确实如此：
　　　　　常常是侮辱人者，
　　　　　是在将他人中伤。

4715　　谁若是忍辱求生，
　　　　　自然是命运不通；
　　　　　但如果狂妄自大，
　　　　　苦难也与日俱增。
　　　　　该服从就要服从，
4720　　指挥者就会宽容。

　　　　　你们要力争保全
　　　　　脸面和宝贵时间。
　　　　　将智者当作榜样，
　　　　　事事要考虑周全；
4725　　要知道恶行陋习，
　　　　　学容易改正极难。

　　　　　鸟儿若嘴巴弯弯，

　　　　　　它必有偷窃习惯；
　　　　　　但是人皆有理智，
4730　　　切不可偷一文钱。
　　　　　　人贫穷并非缺点，
　　　　　　偷窃才真正丢脸。

　　　　　　人与人不要残杀，
　　　　　　也不要逞强厮打。
4735　　　不幸事应该借鉴，
　　　　　　就如同镜子一面。
　　　　　　人若能克制自己，
　　　　　　就可算大智大贤。

　　　　　　人若是流过鲜血，
4740　　　一生中都会记牢。
　　　　　　印象是如此深刻，
　　　　　　怎么也抹它不掉。
　　　　　　滴滴血都似火星，
　　　　　　在灵魂深处燃烧。

4745　　　无论在何时何地，
　　　　　　酒都是害人冤家。
　　　　　　我可是语重心长，

　　　　　你们要牢牢记下：
　　　　　谁要是酗酒闹事，
4750　　　就该受双倍惩罚。

　　　　　如果要动手打仗，
　　　　　先下手总是为强。
　　　　　即使你理直气壮，
　　　　　也不可霸道骄狂。
4755　　　理发师学习刮脸，
　　　　　胡子多总是遭殃。

　　　　　你对待爱慕之人，
　　　　　要献出一片忠贞，
　　　　　绝不能将她欺骗，
4760　　　这最易使她伤心。
　　　　　女人若受了凌辱，
　　　　　定然会背弃你们。

　　　　　如果要想当歌手，
　　　　　一定要唱出真情；
4765　　　若单纯出于兴趣，
　　　　　请不要抚弄琴声。
　　　　　要养成良好习惯，

　　　　　　歌唱要真有内容。

　　　　　　对你们这些忠告，
4770　　　　我得来实属不易。
　　　　　　我愿将你们引导，
　　　　　　但却是力所不及，
　　　　　　我没有那等智慧，
　　　　　　使你们遵循受益。

4775　　　　这些事郑重论及，
　　　　　　都经过深思熟虑。
　　　　　　这劝告准确无误，
　　　　　　没半点不在实处：
　　　　　　凡出自老人口中，
4780　　　　每一句都是实情。

三十三

　　　　　　四个人走向四面，
　　　　　　各自奔东北西南。
　　　　　　相互间许下誓愿，
　　　　　　都应当信守诺言。
4785　　　　因为这是个秘密，

　　　　　　我不能泄露外传。

　　　　　　我只想提醒诸位,
　　　　　　对此事不必心惊,
　　　　　　人世间司空见惯,
4790　　　　这类事经常发生:
　　　　　　彼此已达成协议,
　　　　　　大家都改姓更名。

　　　　　　这举动毫无歹意,
　　　　　　我对此并不怀疑。
4795　　　　但也是千真万确,
　　　　　　这已经不足为奇:
　　　　　　谁如果更名改姓,
　　　　　　因有罪需要隐匿。

　　　　　　我将要放下乐器,
4800　　　　不会再演唱下去。
　　　　　　大家都能够看出,
　　　　　　我曾有非凡毅力。
　　　　　　这如同羽毛疙瘩[1],

1　高乔人有个习惯,在闲暇时用鸡、火鸡或鸵鸟的羽毛编成马缰绳上的花结,开玩笑时就叫人去解,这是很难甚至无法解开的。

要解开谈何容易。

4805 我已经完成使命,
并且是超额完成。
但是我有言在此,
众乡亲务必听清:
倘若是需要套马,
4810 我这里仍有缰绳。

唱到此我即告别,
很难说何时再见。
人们为求得妥善,
总是从软处砍断;
4815 我却拣硬处下刀,
因此才砍个没完。

苍鹰在巢中居住,
林莽中住着猛虎。
狐狸占别兽之穴,
4820 因此上前途未卜。
唯高乔颠沛流离,
随命运漂泊四处。

	可怜他无依无靠，
	财产被统统抢掉。
4825	只因为世上无人，
	把这个种族关照。
	高乔人应有家园、
	法律和教堂、学校。

	迟或早总有一天，
	这灾难终究会完。
4830	我想这绝非易事，
	因时局混乱不堪。
	他们[1]像老鹰一样，
	吃肉还叫苦连天。

	但上帝慈悲恩典，
4835	这情况定会改善。
	但为把事情做好，
	人们要牢记心间：
	想用火进行加热，
4840	必须从下面点燃[2]。

---

1 这里的"他们"显然指当权者。
2 指从下而上地对高乔人进行教育和发动。

　　　　　　　　上层人制定法律，
　　　　　　　　只为他个人受用。
　　　　　　　　尽管他亲自规定，
　　　　　　　　那也会疑虑重重。
4845　　　　　倘若是树生乳汁，
　　　　　　　　树荫会使人生病[1]。

　　　　　　　　穷苦人稍不注意，
　　　　　　　　就被用皮绳吊起。
　　　　　　　　对此我完全知道，
4850　　　　　并能把后果预告：
　　　　　　　　高乔像瘦马之皮[2]，
　　　　　　　　能做成套索鞭梢。

　　　　　　　　我前面所述之言，
　　　　　　　　大家都应该相信；
4855　　　　　我请求诸位理解，
　　　　　　　　我毫无名利之心。
　　　　　　　　何处有本书存在，

---

[1] 有些树能分泌出乳白色汁液，人在下面睡觉往往会长水泡，也有人说是指无花果树。高乔人认为它的树荫会给人带来不幸和破产。这里是在提醒人们要对统治者的善心保持警惕。

[2] 最有韧性的皮子才能做皮鞭的鞭梢，一般是用瘦马皮做成的。在此指高乔人要吃最大的苦头。

茅屋便不怕雨淋[1]。

请大家让我休息，
4860　　我已经唱了许多！
到此处告一段落，
我不能再往下说；
已经有三十三节，
与耶稣年龄吻合。

4865　　结束前再说几句。
请诸位记在心间：
我还要继续创作，
一直到把话说完。
只要是才智生命，
4870　　允许我实现诺言。

如果我寿命不长，
大家应确信无疑，
如果我离开人世，
哪怕在沙漠野地，
4875　　高乔人闻知此讯，

---

[1] 指凡有本书的地方，茅屋就不会因主人的懒惰和笨拙而漏雨，进一步强调了本书的教育作用。

　　　　　　　一定会悲痛至极。

　　　　　　　只因为我的生命，
　　　　　　　属于我所有弟兄，
　　　　　　　他们会将这故事，
4880　　　　　自豪地记在心中。
　　　　　　　乡亲们不会忘却，
　　　　　　　他们的高乔马丁。

　　　　　　　记性是伟大天赋，
　　　　　　　这品质值得颂扬；
4885　　　　　莫猜疑我在这里，
　　　　　　　将某人攻击中伤，
　　　　　　　要知道忘掉旧恶，
　　　　　　　也算是记忆力强。

　　　　　　　我对谁都未冒犯，
4890　　　　　请不要自寻愁烦；
　　　　　　　我所以如此吟咏，
　　　　　　　是觉得这样方便，
　　　　　　　不损害任何个人，
　　　　　　　只是为大家行善。

第二章

胡安娜·伊内斯·德拉·克鲁斯诗作六首

导读

修女胡安娜·伊内斯·德拉·克鲁斯原名叫胡安娜·德·阿斯巴赫·伊拉米雷斯，是墨西哥文学史上的传奇人物，是新西班牙时期（西班牙殖民者称当时的墨西哥为"新西班牙"）最著名的诗人。她三岁就跟着姐姐到学校读书，八岁开始写诗，并写了一部宗教剧。十三岁应召进宫，成了总督夫人的侍从女官。在总督府里，她创作诗歌，撰写剧本，深受达官贵人的喜爱。为了考验她的学识，曼塞拉总督曾召集四十名学者，向她提出各种各样的问题；胡安娜从容应对，犹如"一艘皇家战舰在抵御来犯的平底小舟"。

这样一位才学出众、美貌超群、总督夫妇又宠爱有加的青春少女，在强大的社会压力和心理压力下，最终却不得不在十六岁时"遁入空门"，进了修道院。在短短四十四年的生命旅程中，胡安娜的创作时间长达三十六年。她是在瘟疫流行时，为救护患者而感染病毒才英年早逝的。墨西哥前总督曼塞拉于1689年开始在马德里出版她的全集。第一卷题为《缪斯的洪流》，此前人们已将她誉为"第十位缪斯"。截至

1725年，这一卷后来又在马德里、巴塞罗那、巴伦西亚再版了七次。此后她又出版了《神圣的纳尔西索》。《缪斯的洪流（第二卷）》于1692年在塞维利亚出版，在1725年之前再版了五次。第三版题为《声誉与遗作》，于1700年在马德里出版，同样先后在巴塞罗那、里斯本和马德里再版了五次。就诗歌而言，胡安娜的作品主要有十四行诗65首（其中爱情诗20首，堪称新大陆十七世纪最优美的诗歌）、谣曲62首、民谣16首。此外，为了欢迎两位总督大人，她还写了两部喜剧：《家庭的责任》和《爱情更是迷宫》。

最早发现修女胡安娜·伊内斯·德拉·克鲁斯的是西班牙历史学家梅嫩德斯·佩拉约（1856—1912）。他指出这位修女在十七世纪是"超乎寻常和出类拔萃"的。墨西哥著名诗人奥克塔维奥·帕斯对她也十分重视并给予高度评价，还写了一本长篇专著《修女胡安娜或信仰的陷阱》。他认为，通过胡安娜的作品，人们可以了解殖民地社会致命的危机。

我在去墨西哥学院进修（1979—1981）之前，对这位德艺双馨的

"神女"一无所知。有一次,"中国留学生之家"组织我们去一个叫圣米格尔·德·内潘德拉的小山村游览。出发前不知那是什么地方。到了那里之后,感到很奇怪:为何用一座大建筑将一座简陋的小房子保护起来,小房子的墙壁上挂着一个个镜框,里面是一首首十四行诗。原来那是胡安娜·伊内斯·德拉·克鲁斯的出生地。遗憾的是国内至今对这位女诗人仍很陌生,这是我将她选入这个集子的主要理由。从这里选的几首诗,我们大体可以看清这"第十位缪斯"的轮廓。第一首,《对一味责备女性、自己言行不一的男人们的反诘》,堪称三百多年前"争取男女平等的宣言"。其余几首,有的写情,有的写理,但都是当年流行的巴洛克风格,尤其是那首题为《揭穿所谓激情真实赞美女诗人肖像的谎言》,对西班牙黄金世纪巴洛克的代表人物贡戈拉的模仿更是显而易见。请看贡戈拉于1582年写的一首十四行诗:

为了和你的秀发媲美,
黄金徒劳地在太阳下闪光;
你洁白的前额用藐视的神态
将平原上美丽的百合观望;

你的樱唇惹人注目,
胜过初绽的麝香石竹;
你潇洒高傲的脖颈
胜过光芒四射的水晶。

请享受这秀发、樱唇、前额、脖颈,

莫辜负你金色的年华:

那黄金、百合、麝香石竹、耀眼的水晶,

不仅它们会变成灰白或枯萎的香董,

你也会和它们一起变成

黄土、烟云、尘埃、虚无、阴影。

将两首十四行诗的最后一行做个对比:其意虽截然相反,但其形式何其相似,尤其是最后一行,两位诗人几乎使用了完全相同的意象。

对一味责备女性、自己言行不一的男人们的反诘

（四行诗）

男人们多么愚蠢，
无端地责怪女人，
却全然不见自己
正是责怪的起因：

既然以无限渴望
向她倍献殷勤，
为何怂恿她作恶
又要她安守本分？

她们若是抗拒，
你们满腹怨气；
她们若是爱恋，
又说放荡不羁。

你们疯狂的想法

恰似这样的"勇气":
先让孩子做鬼脸,
然后又产生恐惧。

你们用愚蠢的自负,
寻求意中的她,
追求时,她是泰斯[1],
到手后,露克莱西娅[2]。

这是何等滑稽,
又无自知之明,
自己弄脏了明镜,
反怪它模糊不清。

失意或者受宠,
其实本质相同:
失意,牢骚满腹,
受宠,得意忘形。

最谨慎的女子,

---

1 泰斯是亚历山大大帝的爱姬。
2 露克莱西娅是一位罗马妇人,因被"狂人"塔克文·苏佩布(古罗马第七王)之子污辱而自杀。

也难得好名声,
顺从,杨花水性,
拒绝,冷酷无情。

你们是如此愚蠢,
一味地责备女人:
怪这个生性残忍,
怪那个不够坚贞。

追求你们的女子
该如何掌握分寸:
薄情会使人不快,
多情又使人愤恨!

但你们的口味
却在二者之间,
但愿她不爱你们
并将你们埋怨。

是你们爱恋的激情
为她们插上翅膀,
先将她们玷污,
却又要她们高尚。

在一时冲动之下,
谁应负更大的责任:
是经不住献媚而堕落的女子,
还是因堕落而去献媚的男人?

都是行为不轨,
谁更应受到责备:
是为了酬报而作孽的裙钗,
还是为作孽而酬报的须眉?

对于所犯的错误
何必如此惊慌?
要么就要她们贞洁,
要么就敢作敢当。

你们先别去献媚,
然后才会有理由,
去责备女性的献媚,
因为是她们先乞求。

打消你们的傲慢无礼,
我能铸造许多武器,

因为你们承诺或请求,
总混淆世理、魔鬼和肉欲。

点点珠泪慰痴情

亲爱的，今晚当我与你说话，
正如你的面孔和行动所表明：
用语言已经无法说服你，
但愿你能看透我的心胸。

爱神啊，请增强我的毅力，
战胜那似乎不可战胜的情绪：
因为在痛苦倾泻出的泪水里，
破碎的心啊，渗着血滴。

够了，亲爱的，不要再严酷无情，
别让狂暴的激情折磨你，
别让卑鄙的疑惧打扰你的安宁——

那全是虚假的迹象、愚蠢的阴影：
在点点珠泪中，你已经看到
并触摸到我破碎的心灵。

我难于接近的宝贝的身影……

我难于接近的宝贝的身影,
我最喜爱的魔幻形象,请你停一停,
我甘心为之痛苦活着的甜蜜虚构,
我情愿为之快乐死去的美丽憧憬。

既然对你诱惑性的美好引力,
我的铁石意志也会化作顺从,
你为何献媚取宠地爱我,
然后又一闪而过将我戏弄?

但是你无法感到满足,
无法夸耀你的强权将我战胜:
尽管你神奇美妙的踪影

设下了深深的嘲弄的陷阱,
但对双臂和胸怀的嘲弄无关紧要,
既然我的幻想缔造了囚禁你的牢笼。

抱怨命运：厌恶陋习、取悦缪斯

世人啊，究竟为什么要将我冤枉？
我什么地方得罪了你？不过想
使自己的理智变得高尚，
而不是将它美化装潢。

我不重视金钱宝物，
是什么使我心满意足？
只有让智慧更加高深，
而不是将它变成财富。

我不重视美貌动人，
它只是年龄庸俗的战利品，
虚荣富贵也无法让我高兴；

我只愿意在真理的追求中
消磨人生的空虚，
而不愿在空虚中消磨人生。

揭穿所谓激情真实赞美女诗人肖像的谎言

你看到的这个色彩的谎言，
它炫耀着艺术精心的装点，
用色彩虚伪的逻辑推理，
对感官小心翼翼地欺骗；

谄媚企图在此人身上
将可怕的年龄隐瞒，
克服了遗忘和衰老，
战胜了时间的摧残；

这是精心呵护徒劳的伎俩，
使一朵娇嫩的花儿迎风摇荡，
是对自然规律无用的抵抗；

是愚蠢而又错误的勤勉，
是好看却已失效的努力，
是尸体、尘埃、阴影、空虚。

当神恩激励我……

当神恩激励我
去攀登天梯,
可怜的重负
却压得我深深入地。

美德和习俗
在心中较量,
当它们搏斗时,
心灵在衰亡。

尽管美德是那么坚贞,
我仍担心它被打垮,
因为习俗是那么强大,
而美德却是稚嫩的幼芽。

在黑暗的朦胧中,
思维模糊不清;

既然理智失去了眼睛,
谁还能给我光明?

我是屠杀自己的凶手,
我是禁闭自己的监牢;
谁见过同一个人
自己使自己燃烧?

令人欢快的事情,
我使它变得忧伤;
而我所造成的忧伤,
却落在自己的身上。

我爱上帝并感到他的存在,
而我自己的意志
却将安慰、十字架、避风港
变成了惊涛骇浪。

忍受吧,一切由上帝安排,
不过请按照这样的方式定夺:
罪过的确是痛苦,
而痛苦并非罪过。

第三章 鲁文·达里奥诗作七首

导读

鲁文·达里奥（1867—1916）于1867年1月18日出生在尼加拉瓜内地的小镇梅塔帕（即今天的达里奥城），原名费利克斯·鲁文·加西亚·萨米恩托，从小就表现出了非凡的诗歌天赋：十一岁时就以布鲁诺·埃尔蒂亚等笔名发表诗作，十三岁已经在中美洲崭露头角，十四岁便在报刊上发表政论文章，十五岁应邀在国家图书馆落成典礼上朗诵自己创作的一百首十行诗（《图书颂》）。1885年他在马那瓜出版了第一部诗集《初吟》。由于爱情纠葛，他曾被关进监狱。1886年6月，在朋友的劝告下，他到了智利。在圣地亚哥，他结识了《时代报》文艺批评版编辑曼努埃尔·罗德里格斯·门多萨和智利总统的儿子佩德罗·巴尔马塞达。前者学识渊博，熟悉各种文学流派，后者拥有丰富的藏书，达里奥从他们那里接受了帕尔纳斯派和象征主义的深刻影响。此外，巴尔马塞达也使他接触了上流社会的奢侈豪华和奇珍异宝，为他日后躲在"象牙塔"里的创作提供了素材。1887年他先后出版了诗集《蒺藜》和《智利光荣颂》，后面这部集子在智利诗歌比赛中获奖。1888年他出版了《诗韵》和《蓝》。诗文集《蓝》不仅为他本人赢得了声誉,也是现代主义文学成熟的标志。1889年,他开始与阿根廷的《民族报》合作,并回到中美洲,参与了萨尔瓦多、危地马拉以及他的祖国尼加拉瓜的政治活动。同年,他作为《民族报》的记者访问了北美和欧洲。1892年,作为尼加拉瓜的官方代表,达里奥参加了"发现美洲四百周年"的纪念盛典。在马德里,他与许多文化名人结下了友谊。1896年他出版了散文集《旷世奇才》和诗集《世俗的圣歌》,从而成了现代主义文学运动公认的领袖人物。1898年,美西战争刚刚结束,他作为《民族报》的记者,又一次来到了马德里。原来结识的作家多已年迈体衰或离开人世,这令他痛苦不堪,但又与许多新一代作家建立了友谊。他曾赴法国、意大利、比利时、德国、奥地利访问,并将自己的游记、观感汇编成册,出版了《当代西班牙》(1901)、《异乡巡礼》(1901)、《骆驼队正在通过》(1903)、《太阳的土地》(1904)等文集。

1905年他出版了《生命与希望之歌》,这是他最杰出的诗集,也是他从逃避主义向新世界主义转化的标志。后来又陆续出版了《流浪之歌》《阿根廷颂》《秋天的诗及其他》(1910)等诗作。1911年，由于酗酒过度，他几乎完全丧失了意志能力，沦为商业广告杂志的工具。1914至1916年，鲁文·达里奥侨居美国。这期间，第一次世界大战爆发，诗人对世界的前途更加迷惘、困惑，每日借酒浇愁，健康日益恶化。1915年他创作了《和平》一诗，谴责美国对大战袖手旁观的态度。1916年2月6日，在孤独、苦闷、贫穷和绝望之中，由于严重的肝硬化，鲁文·达里奥在手术台上与世长辞。

如前所述，在鲁文·达里奥的诸多作品中，有三部是他的代表作，这就是《蓝》《世俗的圣歌》和《生命与希望之歌》。

《春》选自《蓝》，是他二十一岁时在智利发表的。1890年再版时增加了诗歌新作，在接受帕尔纳斯派和象征主义的影响方面，有了更为大胆的突破，并将胡安·巴莱拉写给他的信作为序言。在序言中，巴莱拉提到了法国浪漫主义大师雨果的一句诗："艺术是蓝色的"。达里奥在书中则认为蓝色是"理想、苍茫、无限"的象征。1886年他在《蓝色国度的信》(在智利《时代》报上发表)中写道"昨天，我曾在蓝色的国度里漫步"，可见诗人给这个颜色赋予了新的含义，使它完全脱离了眼前的现实。正是在这蓝色的意境里，诗人为自己插上了想象的翅膀，在虚无缥缈的憧憬里自由地飞翔。《春》充分体现了西班牙语美洲早期现代主义诗歌的一般特征。

《神游》选自《世俗的圣歌》，发表于1896年。这时，现代主义的先驱者马蒂、纳赫拉、卡萨尔、席尔瓦都已离开人世，米龙和莱奥波尔多·迪亚斯又各走自己的路，难以与达里奥汇合。因此，后者意识到了自己所肩负的责任，决心对西班牙语诗歌进行改革。《世俗的圣歌》就是这种创新和改革的成果。在这部诗集中，达里奥对西班牙语诗歌各种形式的节奏和韵律进行了广泛的探索。在艺术风格上，《世俗的圣歌》是《蓝》的发展和继续，它既有法国自由体诗歌的特征，又有达里奥本人的独创。诗的字里行间洋溢着作者孤芳自赏、目空一切的感情，巴黎的宫殿、中国的公主、希腊的仙境、美丽的天鹅、纯洁的百合花……则是他逃避现实的精神寄托。这是一部唯美主义的精品，是早期现代主义的高峰。在《神游》中，诗人向我们描述了各国不同的爱情，充分体现了现代主义诗人对异国情趣的憧憬。尽管他真正的情人是弗朗西斯科·桑切斯那样"卑微而又忠实"的女性，而在诗中的情侣却是美丽的公主或侯爵夫人。其中还有一段描述"用中文表示对我的爱恋，用李太白响亮的语言"。在此要指出的诗中有"罕见的金莲"一句，其实直译就是"不可能的双脚"，应是指旧中国妇女的缠足，只是诗人并未将这看作折磨女性、压迫女性的陋习，而是持一种猎奇的心理罢了。

《我是这样的诗人：刚刚写过……》《致罗斯福》《为我们的堂吉诃德先生连祷》《命中注定》和《流浪之歌》均选自《生命与希望之歌、天鹅及其他的诗》(1905，马德里)。这是鲁文·达里奥最优秀的作品。在这部诗集中，诗人唯美主义的艺术追求产生了危机。他已经不再单纯地注重辞藻的雕琢和韵律的修饰，同时要抒发在自己胸中燃烧的激情。诚然，在这部诗集中，逃避现实的倾向还是显而易见的，但同时也表现了诗人对社会的关心、对命运的困惑、对西班牙母国的怀念和对美国的仇视，这些在前面两部诗集中是没有的，诗人重新又燃起了创作初期的政治热情。从这部诗集开始，泛西班牙主义和美洲主义的主题在他的作品中反复出现,这是新世界主义的先声,是现代主义晚期诗歌的标志。尤其是《致罗斯福》和《为我们的堂吉诃德先生连祷》这两首诗。前者表达了对美帝国主义的愤怒和谴责,全诗的结尾"……你们无所不有,就是没有上帝!"更是点睛之笔,如果把"上帝"二字换成"真理",那就是对美帝的一针见血的讽刺。《为我们的堂吉诃德先生连祷》则是对西班牙"旧主"的怀念。西班牙语美洲虽然获得了独立,但是"前门逐狼,后门进虎",美帝国主义比西班牙宗主国更狡猾、更残酷,所以诗人以高涨饱满的热情,呼唤无所畏惧、勇往直前的堂吉诃德精神。

无论作为逃避现实的诗人,还是新世界主义的诗人,达里奥的作品都真实地反映了自己彷徨、苦闷的内心世界,同时也反映了时代的精神风貌和思想危机。对他的作品,如同对他本人一样,应当采取辩证唯物主义和历史唯物主义的态度。

在诗歌创作上,达里奥的功绩之一是主张每个诗人应当具有独特的艺术风格,而这种艺术个性又是在博采众长的基础上形成的。在同辈诗人中,他所以能脱颖而出,固然因为他有非凡的天赋,也因为他很快提出了自己的艺术主张,并坚持不懈地去探索和追求。他不仅在当代文学中寻求借鉴,也从传统诗歌中吸收营养。他的诗歌中有着帕尔纳斯派、象征派、颓废派以及本土主义文学的鲜明烙印,然而又不属于其中任何一个流派,而是最新流派的融合,这恰恰就是"现代主义"的宗旨和特征。

达里奥使拉丁美洲诗歌第一次产生了对欧洲宗主国的反馈作用,"将西班牙的大商船掉过头来,驶回了西班牙"。作为现代主义诗坛上的巨星,鲁文·达里奥是西班牙语美洲的骄傲。人们尊他为"诗圣",他是当之无愧的。

春

蔷薇的花季,我的诗行
迂回前进,来到辽阔的森林,
花儿含苞待放,
我的诗采集着蜜与芬芳。
爱人啊,过来吧,大森林
是我们的殿堂;
爱情神圣的幽香
在那里荡漾。
鸟儿从一棵树飞到另一棵树上,
向你玫瑰色美丽的前额致意,
宛似面对着心灵一样;
圣栎树高大、巍峨、茁壮,
听到你的脚步声响,
将颤抖的绿叶摇晃,
垂下枝条,
宛若欢迎一位女王。
啊,亲爱的!这是春天,

多么美好的时光!

看吧:你的眸子闪着我的目光;
你的秀发迎风飘荡,
沐浴着太阳
那野性而又耀眼的光芒。
让我握住你那双
宛若丝绸的玫瑰色玉手,
笑吧,让你的双唇
显露出润泽鲜艳的荔枝螺的形象。
我要为你将诗句吟诵,
你要微笑着倾听;
即使有一只夜莺
落在你的身旁,
你也听不到
它为你讲述的
关于仙女、玫瑰或星星的故事。
啊,爱恋中的女王,
你只能注视我颤抖的双唇,
聆听我的歌唱。
啊,亲爱的!这是春天,
多么美好的时光!

从那边的岩洞里
喷出一条清澈的小溪,
嬉戏着的洁白的仙女
赤身在水中沐浴。
伴随着浪花的笑声,
扰乱了睡眠的平静;
纯净的香粉
装点着秀发的蓬松;
她们用希腊美丽的语言
将爱的赞歌吟诵,
那是古老光荣的时代,
山林之神的发明。
爱人啊,我要将
诗句和那种语言中
最崇高的词语
写进我的诗行,
我要将这浸透蜜汁的话
倾诉在你的耳旁……
啊,亲爱的!这是春天,
多么美好的时光!

蜜蜂成群结队
熙熙攘攘地来往,

宛似金色的旋涡

愉悦洁白的光芒；

彩虹般的蜻蜓

轻盈、敏捷地盘旋

在潺潺的溪水上，

炫耀它们透明的翅膀。

你听：蝉在歌唱，

因为热爱太阳，

森林中，从茂密的叶缝

洒下一道道金光。

在醉人的微风里，

大地母亲用花的灵魂，

用草的清香，

使我们充满活力。

你可看见那个巢房？

有一只鸟儿，不，是雌雄成双。

雄鸟有乌黑的羽毛，

雌鸟有洁白的胸膛。

动人的啼鸣，

白色颤动的翅膀；

尖尖的嘴巴相互碰撞

宛似情人亲吻一样。

啊，诗人啊！鸟巢就是颂歌，

鸟儿在孵化乐章;
在将宇宙
诗琴的琴弦拨响。
祝福神圣的温度
让胚胎茁壮地成长。
啊,亲爱的!这是春天,
多么美好的时光!

我可爱、欢乐的诗神
给我带来一个用洁白的大理石
雕成的希腊古坛,
盛满那喀索斯[1]的佳酿;
还有一只美丽的金杯,
底座用珍珠装潢,
为了我畅饮美酒——
诗人对此最是内行。
高贵、纯贞、俊美的狄安娜,
镌刻在希腊的古坛上,
她用圣洁的裸体
表现出狩猎女神的形象。
在光芒四射的金杯上,

---

1 那喀索斯是希腊神话中的美少年,由于爱恋自己在水中的倒影,死后化作水仙。

爱与美的女神维纳斯

仰卧在阿多尼斯[1]的身旁,

对他的爱抚表现出轻蔑的模样。

我不要那精美的双耳古坛,

也不要那喀索斯的佳酿,

不要那只金杯:塞浦路斯女子

在那里追求阿多尼斯,那美貌的情郎。

我只要畅饮爱情

在你的樱唇上。

啊,亲爱的!这是春天,

多么美好的时光!

(选自《蓝》)

---

[1] 阿多尼斯也是希腊神话中的美少年,是爱神阿佛洛狄特的情人。由于战神阿瑞斯的忌妒,单独外出狩猎时被野猪咬死。爱神去求宙斯并感动了诸神,特准他每年复活六个月,与爱神团聚。那时春回大地,草木繁荣。

神游

你来了,你的叹息给我这里
带来一股魔幻般的芳香,
它们曾使得希腊、罗马
和法国的七弦琴如痴如狂。

叹息吧!在你留给
空气的芳香里,一群群蜜蜂
飞向奥林匹斯山的美食;
岩石之神醒来并发出笑声。

让岩石之神醒来并歌唱
缀满鲜花的葡叶权杖的荣光,
配合女祭司典礼时的表演,
她的双唇鲜红,牙齿洁白如霜;

在典礼的表演中
将美丽的仙女引向圣火,

圣火在斑斓的豹皮上
点燃了玫瑰的花朵。

既然你爱笑,就笑吧,微风
将带走你欢笑清澈的诗情,
这笑声将使忒耳弥诺斯[1]
快乐的胡子颤个不停。

请看树林那边,请看
狄安娜[2]洁白的大腿多么动人,
除了圣母,就是她的姊妹,
这位洁白、金发、玫瑰似的交际女神。

她在寻找阿多尼斯,她的芳香
使玫瑰花和晚香玉更加迷人;
一对白色的鸽子紧随着她,
后面是成群的美洲豹在飞奔。

*

希腊式的爱恋更令你痴迷?

---

1 忒耳弥诺斯是罗马神话中边界和地界的守护神。
2 狄安娜是罗马神话中的月亮和狩猎女神,即希腊神话中的阿耳忒弥斯。

我在美好的节日寻觅,在那里
人们伴随乐队有节奏的轻柔的旋律
会想起碧绿的爱神木和洒满阳光的土地。

(长老们在讲述金发的
侯爵夫人们的奇遇。
哲学家们眯缝着眼睛
用精辟的道理捍卫爱情。

当科林斯人[1]手中拿着莨苕,
博马舍[2]在大理石的柱基
将一则诗文赋予
从碧绿的绊根草中出来的仙女。

我更爱法兰西的希腊
而不是希腊人的希腊,因为
在法兰西,伴随欢笑和游戏的回响
维纳斯斟满最甜蜜的琼浆。

---

1 科林斯是希腊中南部港口城市,古希腊科林斯城邦建于此。
2 博马舍(1732—1799)是法国喜剧作家,代表作有《塞维利亚的理发师》《费加罗的婚礼》等。

克罗迪昂比费迪亚斯¹的女神
表现出更多的魅力和放荡不羁,
她们头戴鲜花赤裸着身体;
有的用法文歌唱,有的沉默不语。

阿塞尼奥·胡萨耶胜过年迈的
阿纳克里翁²;魏尔兰胜过苏格拉底。
爱情和智慧笼罩着巴黎:
两面神失去了他的领地。

普吕多姆和霍麦斯先生一窍不通。
在诸如奇布雷、帕弗、登布雷和阿马屯特等地,
为了爱情,我的女保护人,一位仙女,
将自己鲜艳的双唇与我的结合在一起。)

*

曼陀林的音响。红衣侍童端来
红葡萄的佳酿。你可喜欢
佛罗伦萨的爱情和曼陀林的音响?

---

1 克洛迪昂(1738—1814)是法国雕刻家,其作品体现了洛可可风格的精华。他喜欢的题材多为仙女、森林之神、酒神巴克斯的女祭司等。费迪亚斯是古希腊的著名雕刻家。
2 阿纳克里翁是古希腊的抒情诗人。

你将是《十日谈》中的女王。

(诗人与画家们的合唱
讲述刺激性的故事。先生们
用狡黠的微笑表示赞赏。
女主人塞丽娅画着十字,羞红了脸庞。)

或者是德国人从未感受过
德国式的爱情?天上的甘泪卿[1];
明月的光芒,动情的歌唱,
夜莺的巢房,在蛮荒的岩石上,

雪光从天而降
并沐浴一位叹息的娇娘,
罗累莱[2]用竖琴的语言
给夜晚增添了隐约的忧伤。

罗恩格林[3]骑士
在蓝色的水面上;

---

1 甘泪卿是歌德著名长诗《浮士德》中的女主人公。
2 罗累莱是德国莱茵河中的一块岩石,传说上面有美人鱼出现,用歌声吸引海员的注意力,以致使船发生事故。
3 罗恩格林是德国传说中的天鹅骑士,他乘坐一只由天鹅牵着的小船去搭救一位落难的贵妇。

他那脖颈弯曲的天鹅
宛似精雕细琢的定音鼓在游荡。

神圣的亨利希·海涅的一首歌
响彻在莱茵河旁;神圣的沃尔夫冈[1],
披着斗篷,留着长发;
还有条顿的葡萄,白色的佳酿。

要么是西班牙的爱情,充满
荔枝螺和黄金,充满阳光;
它会产生石竹,奇妙的花朵,
浇灌它的是公牛的血浆;

吉卜赛女郎的花,激发爱的花,
血与光的爱,痴与狂的情;
散发着丁香和桂皮的气味,
像伤口和樱唇一样红。

*

要么是奇异的爱恋……?
像东方的玫瑰使我梦绕魂牵:

---

1 译者认为这里的沃尔夫冈指的是歌德,达里奥将他们作为德国诗坛的象征。

丝绸、锦缎、黄金令人心花怒放，
戈蒂耶[1]拜倒在中国公主面前。

啊，令人倾倒的美满姻缘：
琉璃宝塔，罕见的金莲，
茶盅、神龟、蟠龙，
恬静、柔和、翠绿的稻田！

请用中文表示对我的爱恋，
用李太白的响亮的语言。
我将像那些阐述命运的诗仙，
吟诗作赋在你的唇边。

你的容颜胜过月宫的婵娟，
即使做天上的高官
也不如精心照看
那不时抚摩你的象牙团扇。

爱我吧，日本女郎，
古老的日本女郎，对西方诸国
一无所知：宛似一位公主

---

[1] 戈蒂耶（1811—1872）是法国诗人，达里奥以他自比。

眼中泛着幻想的光芒。

尽管在神圣的京都,
在白银镶嵌的绣房,
那里装点着菊花与荷花,
对山形文化¹却一片迷茫。

要么是印度的爱情,它的火焰
燃烧在神话最高的憧憬之中,
并使神圣的仪式
开始在神秘的发情期颤动,

同时有老虎和金钱豹
挥舞利爪,在强壮的大象身上
用歌舞演员的理想
憧憬着印度的国王,耀眼的星光。

要么是黑人,黑人姑娘,
耶路撒冷为英俊的国王歌唱,
在她的脚下使玫瑰和毒芹
从宁静中萌芽生长……

1　山形是日本本州北部的一个县,境内多名胜。

总之,将一切述说和歌唱的爱情,
歌唱的爱情,使盘踞
在生命树下的蛇喜出望外,
这蛇生着一对钻石的眼睛。

这样爱我吧,命中注定,世界性,
普遍,无限,唯一,单独
而又包罗万象;博学而又神秘渺茫:
爱我吧,云和海洋,泡沫和波浪。

宝贝,请做我萨巴岛[1]的女王;
请在我孤独的王宫里休息。
睡吧。我为你燃香。
你的单峰驼将有玫瑰和蜂蜜,
在我的金角独角兽身旁。

1894年12月于蒂克雷饭店

(选自《世俗的圣歌》)

---

[1] 萨巴岛是加勒比地区背风群岛中的岛屿。

我是这样的诗人:刚刚写过……

我是这样的诗人:刚刚写过
蓝色的诗句和世俗的圣歌,
他在夜里有一只夜莺,
黎明时又化作光辉的百灵。

我曾是梦中花园的主人,
到处有玫瑰和游荡的天鹅;
也曾有一对一对的斑鸠
以及湖上的游船与百合;

很像生活在十八世纪,非常古老
又非常现代;既有世界性又有胆量;
和坚强的雨果与朦胧的魏尔兰一样,
对幻想充满无穷的渴望。

从童年起我就曾遭受痛苦;
青春……难道那是我的青春?

她的玫瑰至今给我留下了芳香,
这芳香却是一缕忧伤……

我的天性似脱缰的马驹,
我的青春骑在这马驹上;
她如醉如痴腰上插着匕首;
没有跌倒是因为上帝善良。

有一尊美丽的雕像在我的花园里;
看似大理石却是活生生的肌体;
肌体中有一个年轻的魂灵,
多愁善感又情痴意浓。

闭门不出,默默无言,在世人面前
多么腼腆,只有在柔和的春天
听到动人的旋律,才会迈出
花园的门槛……

那是夕阳西下和谨慎亲吻的时间;
那是夜幕降临和隐身幽静的时间;
在这美妙的令人陶醉的时刻里
只听得声声喘息,"啊!""我爱你"。

那时的六孔竖笛

吹出了神秘透明的全部音域,

希腊的山林之神革新了音符,

拉丁音乐也脱出了一个个颗粒,

姿态多么优雅,激情在燃烧,

在雕像丰腴的大腿下梢

突然生出山羊的四蹄,

前额长出山林之神的双角。

宛若贡戈拉的加拉特亚[1],

魏尔兰的侯爵夫人令我着迷,

于是将神圣的激情

和人类的敏感融合在一起;

所有的渴望,所有的热情,

纯洁的感觉和天生的精力;一片赤诚,

没有喜剧性,没有文学性……

如果有真挚的灵魂,一定在我心中。

我渴望创建象牙之塔;

---

[1] 西班牙诗人贡戈拉(1561—1627)著有长诗《波吕斐摩斯和加拉特亚的寓言》。

情愿自我封闭在自身里面，
从自己本身黑暗的深渊
想吃的是空间，想喝的是蓝天。

宛似在大海的游戏中
充满盐分的海绵，甜蜜而又柔软，
我的心啊，被世界、肉体
和地狱塞满了苦难。

然而，由于上帝的恩惠，
善良之神将最佳的部分挑选；
即使在我的生命中有过苦涩的胆汁，
艺术之神已将所有的辛酸酿成蜜甜。

我从思考中解放了自己低下的智力，
诗泉之水将我的灵魂沐浴，
我的心曾去朝圣
并从神圣的森林带回了和谐之声。

啊，神圣的森林！啊，来自
神圣森林的崇高心灵的深刻喷涌！
啊，肥沃的源泉，
她的品德能将命运战胜！

使现实变得复杂的理想的树林,肉体
在那里燃烧和生活,灵魂在那里腾飞;
当半人半羊的山林之神在私通,
当菲罗墨拉在蓝色里陶醉,

将梦想的珍珠和爱情的音乐
溶解在苍穹和碧色月桂的花朵,
希菩塞碧拉[1]将玫瑰吮吸,
山林之神的口咬住了花蒂。

满怀情欲的神追逐着雌性,
山林之神的花茎从淤泥中竖起:
永恒的生命在播种,
伟大的造化使和谐萌生。

灵魂应袒露着进入那里,
因情欲和圣火而发抖,
在刺人的荆棘和锐利的锋芒上:
梦想,震颤,歌唱。

---

[1] 希菩塞碧拉(Hipsipila)又译作许普西皮勒,希腊传说中狄俄尼索斯之子索阿斯(利姆诺斯岛国王)的女儿,后来成为该岛的女王。

生命、光明和真理，这三位一体的火焰
将内心无限的火焰点燃。
"我是生命、光明和真理！"
纯洁的艺术像基督一样呼喊。

生命神秘，光明盲目，
而真理不可捉摸地笼罩黑暗；
真正的完美永远不会屈服，
理想的秘密在阴影中安眠。

因此坦诚就是力量；
赤裸的星星闪闪发光；
水在诉说泉的心灵，
用清澈流淌的声响。

我的追求就是这样，让我纯洁的心灵
变成一颗星星，化作泉水流淌，
用的是文学的恐怖
和黄昏与黎明的疯狂。

令人向往的蓝色的黄昏
激发苍天的陶醉痴迷；
黎明，太阳之女——全属于竖琴！

朦胧与小调——全属于短笛!

飞过弹弓射出的一颗石子;
飞过猛士打磨的一支利箭。
仇恨的箭飞向风,
弹弓的石子飞向波澜。

平静和强健蕴涵着品德,
心中的火会将一切烧灼;
战胜死亡和怨恨,
向着伯利恒[1]……骆驼队在通过!

1　伯利恒是耶稣与大卫的出生地,距耶路撒冷 8 公里。

致罗斯福[1]

用《圣经》的语气,或惠特曼的诗句——
猎手啊,这大概会到达你手里,
你既时髦又原始,既复杂又单纯,
既有点像华盛顿,又有点像卡尔德亚的国君[2]。

你就是美国,
未来的侵略者,
要侵略印第安血统天真的阿美利加——
她依然向耶稣祈祷,用西班牙语讲话。
你是自己种族傲慢、强悍的楷模;
文质彬彬,精明强干;托尔斯泰的反对者。
杀伤猛虎,驯服烈骏,
你是勒克珊德洛斯——尼布甲尼撒的子孙[3],

---

1 指西奥多·罗斯福,1901—1909年间的美国总统。
2 原诗中的 Nemrod 是卡尔德亚的传奇式的国王。圣经中称他为英雄的猎手,汉语中译为宁录。卡尔德亚是巴比伦城的前身。
3 前者是特洛伊王子帕里斯,后者为巴比伦王,曾攻陷耶路撒冷,烧毁耶和华的神殿和王宫,抢掠财物和人民。

（如同今天的狂人们所说，

你是力量的师尊。）

你以为生活就是火光熊熊，

进步就是爆炸声声，

你以为自己的子弹打到哪里

就能决定哪里的前程。

不行！

美国的确辽阔、强盛，

它一摇晃，雄伟的安第斯山峰

就会发生强烈的震动。

它一喊叫，人们就会听到雄狮的怒吼，

正如雨果对格兰特所说：星星归你们所有。

（阿根廷的太阳几乎不能发光，

智利的星星几乎不能升起……）你们的确富强。

你们集中了赫丘利和玛门[1]的信仰，

自由神在纽约举起了火炬，

将征服的坦途照亮。

但是我们美洲，从古老的

奈查瓦尔科约特尔[2]时代起

就有诗人，她曾经掌握令人赞叹的文字

1　前者是希腊神话中的英雄，后者是财利的意思，常指财神。
2　墨西哥契梅卡族印第安人国王（1402—1472）。

并保存了伟大的巴科[1]的足迹;

她曾经观察过许多星体;

她知道柏拉图提出的大西洋洲的奥秘;

从远古时起

她就以光明、火种、香料和爱情

维持自己的生命,

伟大的蒙特祖马[2]和印加王的美洲,

哥伦布芬芳的美洲,

天主教的美洲,西班牙的美洲,

高尚的瓜特莫克[3]曾在那里说

"我不是在玫瑰床上"的美洲;

有着撒克逊人的眼睛和野蛮人的灵魂的先生们,

请你们注意!

那在风暴中颤抖、以爱情为生命的美洲还在呼吸!

她在梦想,在恋爱,在战栗,它是太阳神的爱女。

西班牙语美洲还活着!

西班牙雄狮的无数只幼崽,虎虎有生气!

罗斯福,即便是以上帝的名义,

你也必须同时成为凶猛的猎人和可怕的射手

---

1 罗马神话中的酒神。

2 墨西哥阿兹特卡国王。

3 墨西哥阿兹特卡帝国最后一个皇帝,曾英勇抵抗西班牙征服者,后被俘,受尽折磨后被绞死。

才能将我们置于你的魔爪之中。

不过,可惜呀可惜,你们无所不有,就是没有上帝!

(选自《生命与希望之歌》)

为我们的堂吉诃德先生连祷

致纳瓦罗·莱德斯玛

受难者的主宰,绅士们的君王,
头戴梦幻的金盔,
穿的是憧憬,吃的是力量;
至今还没有任何人
紧握长枪征服世上的心灵,
手持盾牌战胜所有的想象。

出类拔萃的游仙
步履威武庄严,
使天下的道路变得神圣,
向事实、向良心、
向法律、向科学、
向谎言,也向真理宣战……

骑士中的游侠,
好汉中的男爵,猛士中的郡王,

举世无双的名流,祝你健康!

祝你健康,因为我想

你的身心已经非常虚弱,

无论人们将你蔑视还是为你鼓掌、

向你祝贺、为你加冕

还是举止荒唐!

你,昔日的胜利少得可怜,

对于你,古典的荣誉

几乎与法律和理智无缘,

如今你经受着夸奖、纪念、讲演,

忍耐着研讨、竞赛、卡片,

过去你有俄耳蒲斯[1],现在你有合唱团!

梦幻中神圣的罗兰[2],

请听一个人的呼声,他爱你的木马[3],

他的珀珈索斯[4]也对你嘶鸣;

请听这些祈祷的诗句,

---

1 俄耳蒲斯是希腊神话中色雷斯的诗人和歌手。
2 罗兰是法国中世纪的英雄史诗《罗兰之歌》中的主人公。
3 原诗中的 Clavileño 即堂吉诃德和桑丘骑的一匹木马。
4 珀伽索斯是希腊神话中生有双翼的神马,升天后成为宙斯的坐骑。它的蹄子踏过的地方常常涌出泉水,诗人可以从中得到灵感。

用日常事物和我在神秘中

看到的其他事物吟成。

祈祷吧,为我们这些贪生的人,

我们在用灵魂探索,丧失了信心,

不见天日,满怀着苦闷;

为了外来仁慈的居民,

因为有人嘲弄拉曼却[1]的生灵,

嘲弄西班牙慷慨的精神!

为我们祈祷吧,因为我们需要

神奇的玫瑰、高尚的桂花!

伟大的先生,为我们祈祷吧。

(人间的桂树林在颤抖,

在你流浪的兄弟塞吉斯蒙多[2]之前,

哈姆雷特会给你献上一朵鲜花。)

祈祷吧,慷慨、自豪、善良,

祈祷吧,贞洁、纯净、勇敢、像天使一样,

为我们祈祷,为我们请求,

---

[1] 拉曼却即堂吉诃德的家乡。
[2] 塞吉斯蒙多是西班牙戏剧家卡尔德隆(1600—1681)的剧作《人生如梦》中的王子。

因为我们几乎已经没有活力、蓓蕾、光芒,
没有堂吉诃德,没有桑丘,没有上帝,
没有灵魂和上帝,也没有双足和翅膀。

先生,使我们摆脱
那么多的痛苦,那么多的悲伤,
尼采的超人,无声的歌唱,
医生给我们开的药方,
各种各样的瘟疫——
学院可怕的诽谤!

先生,请使我们摆脱
粗俗的挑拨者,
虚伪的卫道士,
文质彬彬的匕首,
狡猾、懦弱、下贱的生灵,
恶贯满盈的地痞,
他嘲弄荣誉、生命、名声。

出类拔萃的游仙
步履威武庄严,
使天下道路变得神圣,
向事实、向良心、

向法律、向科学、
向谎言，也向真理宣战……

为我们祈祷吧，受难者的君王，
头戴梦幻的金盔，
穿的是憧憬，吃的是力量；
至今还没有任何人
紧握长枪征服世上的心灵，
手持盾牌战胜所有的想象！

命中注定

树木是幸福的，因为它几乎没有知觉，
顽石全然没有知觉，它就更加幸福，
没有比清醒更大的悲哀，
没有比活着更深的痛苦。

存在，又浑然不觉，毫无目的，
对过去的后怕，对未来的恐惧……
明天的死亡、生命、阴影以及
既不了解也不怀疑的东西，

这一切都会使人不寒而栗，
还有那用活生生的手臂诱人的肉体，
用随葬的花束等候的墓地，
我们不知从何处来
也不知向何处去……！

(选自《天鹅及其他的诗》)

流浪之歌

歌者漫游四方，
面带笑容或冥思苦想。

歌者漫游大地，
在白色的和平或红色的战争里。

他骑坐在大象的背部
漫游光怪陆离的广袤的印度；

他身穿精细的丝绸，坐在轿子上，
漫游在中国的心脏；

他在卢特西亚[1]乘汽车游览；
在威尼斯乘坐黑色的贡多拉[2]船；

1　卢特西亚：巴黎的古称。
2　威尼斯的一种游船，船体狭长，两端翘起。

他骑着美洲的骏马
漫游在潘帕斯[1]和那里的平原;
在河上他划着独木舟,
要么就看见他坐在船头;

或者乘汽轮航行在浩瀚的大海上,
要么就乘坐在软卧包厢;

单峰驼是灵活的沙漠之舟,
会把他送到码头。

坐在飞驰的雪橇上,
他掠过大草原的素裹银装。

或者沐浴着北方的黎明,
沉浸它钟爱的水晶般的寂静。

他在草地上徒步而行,
四周是牲畜或播种。

他乘火车进入自己的伦敦,

---

[1] 潘帕斯:阿根廷和乌拉圭境内的大草原。

骑毛驴前往自己的耶路撒冷。

跟随着邮差和邮件,
歌者漫游在人寰。

歌声飞翔在空中:
和谐与永恒。

(选自《流浪之歌》)

第四章 安东尼奥·马查多诗作十五首

导读

　　安东尼奥·马查多(1875—1939)于1875年7月26日出生在安达卢西亚首府塞维利亚的一个书香门第,并在那里度过了自己的童年。他的祖父是一位德高望重的知识分子,1882年受聘为马德里中央大学教授。同年,他们全家迁往首都。他的父亲是著名的民俗学家。他的家庭具有明显的自由主义思想倾向。1899年他与其兄马努埃尔同游巴黎,熟悉了19世纪下半叶法国盛行的新文学流派——帕尔纳斯派和象征主义,并见到了拉丁美洲现代主义大师鲁文·达里奥,两人结下了深厚的友谊。返回马德里后,他结识了乌纳穆诺、巴列-因克兰、胡安·拉蒙·希梅内斯等主张文学革新的诗人和作家,并开始在重要的杂志发表诗作。这个时期的马查多过着居无定所的生活。1907年,他被派往远离马德里的卡斯蒂利亚小镇索里亚去中学教法语。两年后与十五岁的女孩莱昂诺尔·伊斯奎尔多结婚。婚后得到广学会资助,携妻子赴巴黎一年,进修法语。1911年7月莱昂诺尔患上肺结核,并在回到小镇后于1912年8月1日去世。经历一段时间的悲痛与消沉后,他又回到了安达卢西亚，在海因的巴埃萨中学任教，直至1919年。后来转到马德里附近的塞戈维亚中学任教，参与创建"人民大学"，使其成为劳动人民和普通群众接受免费教育的文化中心。1927年他当西班牙皇家语言学院院士。1931年4月14日他参加了在塞戈维亚举行的第二共和国开国大典，不久以后转到马德里的一所中学。内战期间他坚决支持共和国，1936年11月迁居巴伦西亚，1939年1月与母亲一起流亡，一个月后在法国南部小镇科利尤尔相继去世（马查多死于2月22日，先于其母三日）。

马查多最突出的人格特征是勤奋善良、鄙视虚名、淡化服饰（他曾说过自己"邋里邋遢"）、忍耐困境、深刻内省，强调对话和容忍是共存的理想手段，维护人的自由和尊严（"人最高的价值莫过于本身为人"）。对上帝或生命意义的寻求是他早期诗作的重点。这使他对所处的时代越来越困惑并充满怀疑，这也是"九八一代"作家的共性之一。

安东尼奥·马查多前期创作的灵感主要来源于大地、天空、河流、山脉、对亲人的怀念和对祖国的热爱。尤其是对卡斯蒂利亚自然风光的描写，更是情景交融，感人至深。后期创作转向对哲理的探索与挖掘和对人生的体会与感悟。

马查多的第一部诗集《孤寂》出版于1903年，1907年修订再版，更名为《孤寂、长廊及其他诗篇》。他本人曾表达向注重内心情感的现代主义靠拢的倾向："在我看来，诗意并不在于词语的音韵、色彩、行列或感官情结；而是心灵深沉的搏动：写什么，应是心灵所致，或曰说什么，要用自己的声音，生动地回答对世界的感触。我甚至想，人在专注地聆听自己内心深处的独白时，可以不经意地发现一些美妙的话语；同样地，人在自我解剖时，会隐约察觉到自己情感中的蕴藏是何等的丰富。"

马查多的早期创作深受鲁文·达里奥的影响，具有明显的现代主义特征。尽管如此，马查多并非亦步亦趋地追随那位伟大的尼加拉瓜诗人。在1917年的出版序言中，他这样写道："我非常欣赏《世俗的圣歌》的作者，因为他在形式上和感觉上是无与伦比的大师"，但是"我要努力走自己的路"。他的目的不仅仅是要达到一种感官上的震撼，而且试图触动人的心弦，找到一种"内心感觉的普遍性"。马查多将自己的前半生定义为一个"表诉衷情的诗人"。《孤寂、长廊及其他诗篇》中就不乏表诉衷情的成分。仅凭这一点，就与"远离现实""臆造完美"的现代主义有很大的区别。马查多梦想的世界是心中真实的追求，具有普遍性和永恒性。而他的现代主义前辈们则是用华丽的色彩和典雅的词句描摹一个不真实的世界。

在这部诗集中，马查多深刻地揭示了自己的内心世界：忧愁、悲伤、焦虑、痛苦。痛苦有时会化作希望，但这希望却往往又虚无缥缈。因此，他在诗中常常与自然景物如泉水、夜晚或黎明对话，或者用一些具有象征意义的事物如道路、镜子、水车、墓穴、迷宫、蜂巢来表现深刻、隐蔽的现实，用生机勃勃的大自然投射出自己的精神追求和内心世界。

马查多的第二部诗集是《卡斯蒂利亚的田野》，1912年问世，五年后再版，增添了妻子去世后写的诗作。虽不能说他的风格有了根本性的转变，但已不再像以往那样展现个人问题，表现得比《孤寂》更有客观性。外部世界、周围人物、卡斯蒂利亚的历史和社会现象都深深地吸引着他，大自然已不再是精神的简单寄托，而变成了一个真实的存在。

他改变的原因首先是开始相信诗人不应自私地孤芳自赏，他们有义务去反映所处时代的历史进程；诗歌实际上是诗人为了捕捉到事物本质和时代流变而与之进行的对话。其次，他的转型还要归功于卡斯蒂利亚的原野，把他从一味地内心思考中解放出来；而结识莱昂诺尔更是结束了无爱的苦闷，从而荡涤了《孤寂》中存在的焦虑颓丧之气。

在这本风格更加混杂的《卡斯蒂利亚的田野》中，诗人对卡斯蒂利亚乃至于整个西班牙的过去、现在和将来进行了一系列的反思。他没有大肆渲染卡斯蒂利亚在经济和军事上曾经辉煌的成就，而是着重表现各种人为因素——欠工业化、强制移民、统治者和思想家的妥协主义——所导致的西班牙乡村的贫困、落后与腐朽。就这样，尽管相对稍晚，马查多还是应和了"九八一代"作家的主张。在巴埃萨居住期间，他渐渐实现了自己的愿望——"创作一种通俗的、大众的、与十九世纪个人主义决裂的诗歌"。

这些批判性的思考,其中不乏对人类整体生活的实录,在他日益激越和诗化的视角中留下了印记。在风景中的投射使他突出了这块土地上更能激起他的共鸣的事物。《在杜埃罗河畔》活脱脱就是一幅当时西班牙的缩影;诗人心中的所思所想,正是"九八一代"作家的感受与焦虑。如果说在诗的气势与节奏上,这首诗与现代主义晚期的"新世界主义"(如达里奥的《致罗斯福》)还有某些近似之处的话,它与现代主义诗歌的主体已完全没有可比性了。

像在《孤寂》中一样,诗人重又剖析自我,以很强的节制和张力,展现内心的痛苦。年轻的莱奥诺尔的死使他痛不欲生。他曾在写给乌纳穆诺的信中说:"她的离去让我撕心裂肺。她是天使般的生灵,却被死神无情地召唤。我简直是崇拜她,真爱之上更是悲悯,我宁愿死一千次也不愿看她离去,宁愿以死一千次来换回她的生命!"这样发自心灵深处的情诗在现代主义诗歌中是很难找到的。

在这本诗集中有一系列的"箴言与歌谣",由一些零散的哲学、文学、社会、政治以及道德思考组成。其中一首有两句广为人知:"地上本无路,路是人走出"。每次读到这里,都会想起鲁迅先生的小说《故乡》。先生在小说的末尾写道:"我想:希望是本无所谓有,无所谓无的。这正如地上的路;其实地上本没有路,走的人多了,也便成了路。"两位文坛巨匠的思想何其相似!在西班牙,这两行诗可谓家喻户晓,妇孺皆知。北京塞万提斯学院建院后,将其图书馆命名为安东尼奥·马查多图书馆,并请北京大学资深教授赵宝煦先生用篆书书写了这两句诗,作为馆藏格言,是理所当然的事情。

第四章　安东尼奥·马查多诗作十五首

　　安东尼奥·马查多，诗如其人：平易中见深邃，朴实中见真情。正如《肖像》中所说，他的诗句从平静的泉水涌出，尽管他的"血管里有雅各宾派的血在流淌"。他从不赶时髦，追时尚，而是一步一个脚印地走自己的路。诗人的语言简洁、明快，没有精心的雕琢和多余的夸饰，更显字字珠玑和大家风范。诗人自己说，他的诗"既不是坚硬永恒的大理石，也不是音乐和画卷，而是刻在时间上的语言"。

我走过多少道路……

我走过多少道路,
开辟过多少小径,
在上百处海岸停泊,
在上百个海洋航行。

到处都能看见
凄凄惨惨的行人,
高傲、忧伤、
脸色阴沉的醉汉,

学究们注视着壁毯,
若有所思、默默无言,
他们精明,因为
不理睬酒吧的杯盏。

恶劣的行人
会将大地糟践……

而我随处可见
人们在跳舞或赌钱,
当他们有能力承担,
便把那巴掌大的土地照看。

他们每到一处
从不问是什么地方。
行路时,他们
骑在那老骡的背上。

即便是在节日里
也不晓得匆忙。
有酒就喝酒;
没酒,凉水也一样。

他们都很和善,
度日,劳作,梦幻,
待到那如同往常的一天
便在地下长眠。

童年记忆

冬日,阴冷的下午,
暗淡无光。孩子们
在课堂上。雨点
杂乱地敲打着玻璃窗。

孩子们正在上课。
挂图上是逃亡的该隐[1],
死去的亚伯,
身旁有一滴鲜红的血痕。

老师是衣着褴褛的老者,
一本书拿在手上。
干瘦却声若洪钟,
雷鸣一般响亮。

---

[1] 该隐是亚当和夏娃的长子,亚伯之兄。该隐种地,亚伯牧羊。耶和华看中了亚伯和他的供物,而没看中该隐及其供物,后者心生嫉妒,把弟弟杀死。

简直是童声合唱
将课本反复诵念:
一千乘一百等于十万;
一千乘一千等于百万。

冬日,阴冷的下午,
暗淡无光。孩子们
在课堂上。雨点
杂乱地敲打着玻璃窗。

夏日明亮的下午……

夏日明亮的下午，困倦
而又悲伤。黑色的常春藤
布满灰尘，探出公园的围墙……
泉水在歌唱。

钥匙吱吱呀呀，在古老的栅门上；
生锈的铁门伴随着刺耳的声音
打开，当它重又关上，与死一般
下午的寂静发生了沉重的碰撞。

在孤独的公园，水流那响亮、
奔腾的歌谣将我引到泉旁。
泉水将自己的单调
倾泻在洁白的大理石上。
泉水唱道："哥，我现在的歌声
是不是让你想起了遥远的梦幻？
一个缓慢的下午，在一个缓慢的夏天。"

我回答泉水:"妹啊,我想不起;
可我知道,你现在的歌声很遥远。"
"就是这样的下午:恰似今天
我的水将自己的单调倾泻在大理石上。
哥,你可记得?……你所见的
身后的爱神木,使你听到的清澈的歌声
暗淡无光。成熟的果实,
像火焰一样鲜红,在枝头摇晃。
哥,你可记得?……就是在夏天,
在这样缓慢的下午,像现在一样。"

"泉水妹妹,我不知你的歌谣要对我说什么,
它是那么快乐,带着遥远的梦想。

我知道你快乐清澈的泉水
曾将树上那红色的果实品尝;
我知道我的苦涩是遥远的,
在古老夏日的傍晚沉醉于梦乡。

我知道你美丽的会唱歌的明镜
曾将爱情古老的痴迷模仿,
可是告诉我,语言迷人的泉水,

请告诉我那快乐的神话,它已被人遗忘。"

"我不知道古老快乐的神话,
我知道的故事,陈旧而又悲伤。

那是缓慢夏季的一个明亮的下午……,
哥,你独自前来,带着你的凄凉;
你的双唇吻了我平静的水,
并在那明亮的下午倾诉了你的忧伤。

你燃烧的双唇倾诉了你的忧伤;
它们此时的渴望也就是那时的渴望。"

"永别了,响亮的泉水,
在昏睡的公园里永久地歌唱。
永别了,泉水啊,你的单调
比我的忧伤更加凄凉。"

我的钥匙吱吱呀呀,在古老的栅门上;
生锈的铁门伴随着刺耳的声音
打开,当它重又关上,在死一般
下午的寂静中发出了沉闷的声响。

亲爱的,微风谈论着……

亲爱的,微风谈论着
你洁白的衣裳……
我的眼睛看不见你;
我的心却将你盼望!

风儿在清晨,为我
带来了你的名字;
山坡重复着
你脚步的回响……
我的眼睛看不见你;
我的心却将你盼望!

钟声不停地回荡
在阴暗的塔楼上……
我的眼睛看不见你;
我的心却将你盼望!

锤子的敲击
诉说着黑色的棺木;
锄头的敲击,
坟墓的地方……
我的眼睛看不见你;
我的心却将你盼望!

你总逃避……

你总逃避，又总在
我身旁，黑色头巾
岂能将苍白面容
那不屑的神情隐藏。我不知
你要去哪里，夜晚也不知
你贞洁的美去何处寻觅新房。
不知怎样的梦能合上你的双眼，
不知谁将躺在你多情的枕旁。

…………

请停下，请停下啊，
孤傲的美人……

我愿将你双唇苦涩的
苦涩的花瓣亲吻。

孤独而又可爱的少女啊……

孤独而又可爱的少女啊,
有一种神秘燃烧在你的眼睛。

我不知你黑色箭囊
射出的光芒是仇恨还是爱情。

你将与我同行,我的身体
会投下阴影,沙粒会留在鞋中。

"你是我旅途中的干渴还是清泉?"
告诉我,孤独而又纯贞的伙伴。

噢,友好的夜晚……

噢,友好的夜晚,年迈的情人,
请告诉我,你带来了我梦中的画卷,
它总是那么孤寂,那么荒无人烟,
只有我的幽灵,
我可怜、悲伤的阴影,
游荡在骄阳似火的草原,
要么就是梦见苦难
在所有神秘的声音中间,
多年的情人,如果知道,请告诉我,
我流出的眼泪是不是我的?
夜晚回答说:
"你从未向我袒露你的秘密。
亲爱的,我从不知道
你梦中的魂灵是否就是你本人。
也不曾弄清他的声音
是你的还是荒唐小丑的声音。"

我对夜晚说:"撒谎的爱人,

你知道我的秘密;

你见过那深邃的洞穴,

我的梦在那里制造自己的水晶。

你知道我的眼泪是我的,

你明白我的痛,我古老的苦痛。"

夜晚说:"噢,我不知道。亲爱的,

我不知道你的秘密,

虽然我见过你所说的痛苦的魂灵

游荡在你的梦中。

当灵魂哭泣的时候我靠近他们,

倾听他们内心的祈祷,

卑微而孤独,

被你称作真正的赞美诗的祈祷;

但是在灵魂的深层,

我不知道啼哭是原声还是回声。"

为了倾听从你口中说出的抱怨,

我寻找你,在你的梦中,

我在那里看见

你游荡在镜子模糊的迷宫。

(选自《孤寂、长廊及其他诗篇》)

肖像

我的童年是对塞维利亚一个院落
和一个明亮果园的记忆,柠檬在果园里成熟;
我的青春,卡斯蒂利亚土地上的二十年;
我的历史,有些情况我不愿回顾。

我不是骗人的诱惑者也不是唐璜式的人物[1]
——你们已经熟悉我笨拙的着装——
但是丘比特向我射了一箭,
我便爱那些女性,只要她们有适宜居住的地方。

我的诗句从平静的泉水涌出,
可我的血管里有雅各宾派的血在流淌;
我不仅是一个善于运用自己学说之人,
而且从美好的意义上讲,我很善良。

---

[1] 原文中的伯拉多明是巴列-因克兰小说中的人物,贫穷、貌丑的天主教徒,但多风流韵事。

我崇尚美,在现代美学中

我采摘龙萨[1]的果园中古老的玫瑰;

然而我不喜欢目前时兴的梳妆,

也不是那种追求新奇啼鸣的鸟类。

我看不起空洞的男高音的浪漫曲,

也看不起蟋蟀在月光下的合唱。

在众多的声音中,我只听一个声音,

我会停下脚步,区分原声与回响。

我是古典的还是浪漫的? 我不知道。

我愿像将军留下他的剑一样留下我的诗行:

不是因为铸剑者的工艺高超而受人尊重,

是因舞剑之手的强劲有力才威名远扬。

我与那个总和我在一起的人交谈

——自言自语等候着向上帝倾诉的那一天;

我的自言自语是与这位好友探讨,

他曾将博爱的诀窍向我秘传。

最后,我不欠你们什么;可我的全部写作

---

[1] 龙萨(1524—1585),法国文艺复兴时期七星诗社的主要诗人。他在法国诗坛的地位,在雨果之前无人能比。

你们都未曾偿还。我奔赴我的工作,
用我的钱支付穿的衣服、住的房间、
吃的面包和铺的床垫。

当那最后的旅行到来的时候,
当那一去不复返的船儿起航,
你们会在船舷上发现我带着轻便的行装,
几乎赤身裸体,像大海的儿子一样。

在杜埃罗河畔

七月中旬。这是美好的一天。
我,独自一人,沿着岩石的裂缝,
慢慢地,寻找阴影的转弯。
时而停下,擦擦额头的汗,
缓和一下胸中的气喘;
或者,加快步伐,屈身向前,
向右转,疲惫不堪,拄着
或许是牧羊人遗落的手杖,
攀登高空猛禽盘踞的山峦,
脚下是味道浓烈的野草
——鼠尾草、薰衣草、迷迭香、百里香。
火红的太阳照耀在贫瘠的农田。

一只秃鹫威武地展开宽阔的翅膀
独自穿越纯净、蔚蓝的天空。
我望见,远方,一座盾牌似的山梁
和一座高耸、陡峭的山峰,

紫色的丘陵在棕褐色的大地上
——古老的铠甲成了碎片——
杜埃罗河在光秃的山岭中转折,
像一张环绕索里亚的弯弓。
——索里亚像一座碉堡,它那
卡斯蒂利亚塔楼面向着阿拉贡。
我看见昏暗的山峦封闭着地平线,
栎树和圣栎树覆盖着群峰;
裸露的峭壁中,一小块草地,
绵羊在那里吃草,公牛跪在那里
反刍,在夏天明朗的阳光下,
河岸炫耀着绿色的杨树,悄然无声,
远处的行人,多么渺小!
——马车、骑手和脚夫——
正穿越大桥,在石头的桥洞下
杜埃罗河的银波越来越朦胧。

杜埃罗河穿过伊比利亚
和卡斯蒂利亚橡树的心脏。

啊,凄凉而又高尚的土地,
高原、荒野和岩石的土地,
没有耕耘的田野,没有树林和小溪;

没落的城市,没有客栈的道路,
惊呆的村夫,既不唱歌也不跳舞,
抛却即将熄灭的炉灶,依然走在路上,
卡斯蒂利亚,像你的长河一样,奔向海洋!

可悲的卡斯蒂利亚,昨天的统治者,
浑身褴褛,却蔑视一切自己不懂的东西。
等待、沉睡还是梦想?她曾有着
对剑的狂热,可记得血的流淌?
一切都在运动、奔涌、流逝、旋转;
一切都在变:海洋、高山和注视它们的目光。
过去了吗?一个将上帝置于战争之上的民族,
他的幽灵依然在田野上游荡。

昔日的母亲将船长孕育,
如今的继母只生养平庸的苦力。
卡斯蒂利亚已不再是如此慷慨的母亲,
那时熙德[1]从维瓦尔凯旋,
对自己新的命运和富足充满自豪感,
向阿方索[2]献上巴伦西亚的果园;
或者,在验证了他们果敢的冒险之后

---

1 熙德:西班牙英雄史诗《熙德之歌》的主人公。
2 指卡斯蒂利亚国王阿方索六世。

向皇室请求去征服印第安美洲广阔的河流；
她那时是士兵、军人和首领的母亲，
她的孩子们会满载金银，返回西班牙，
乘着豪华的船只，对于狩猎，他们是秃鹫；
对于战斗，他们是雄狮。
在修道院喝汤的哲学家们，
如今无动于衷地注视辽阔的苍穹；
即使莱万特码头商人的呐喊
像遥远的呼声，进入他们的梦中，
他们也不会上前，连"怎么了？"也不会问。
可战争却已经敲开了他们的家门。

可悲的卡斯蒂利亚，昨天的统治者，
浑身褴褛，却蔑视一切自己不懂的东西。

夕阳西下。从遥远的城市
传来了悦耳的钟声
——服丧的老妇们去诵经。
山岩间蹿出两只可爱的鼬鼠；
看着我，离开，逃走，重又出现，
真奇怪！……田野在变暗。
客栈开向白色的道路，
开向阴暗的田野和荒凉的山岩。

伊比利亚人的上帝

就像歌谣中
赌输赢的弩弓手,
伊比利亚人似乎有一支箭
要射向那位毁掉麦穗
破坏秋收的上帝,
而向那位使麦粒饱满的上帝
献上赞美的歌谣,
因为麦粒将成为他明天神圣的面包。

"破产的主啊
我崇拜,因为我期盼和畏惧:
我的祈祷使亵渎神明的心
倾倒在大地。

主啊,由于你,我用痛苦争取面包,
我了解你的力量,认识自己的锁铐!
啊,夏日乌云的主宰

在摧毁农田,执掌着秋天的干枯、

烧焦禾苗的炎热

和迟来的冰雹!

彩虹的主啊,

羊在碧绿的田野上吃草;

主宰着害虫对果实的啃咬

和摧毁茅屋的狂飙!

你的气息点旺灶膛的火焰,

你的光辉使金黄的谷粒饱满,

你使绿色橄榄的果核成熟,

你神圣的手将圣胡安之夜[1]点燃!

主啊,你是财富和贫穷、

幸福与厄运的主宰,

献给富人恩惠和懒惰

却只给穷人带来辛苦和期待!

主啊,主啊:我看到自己

播下的种子,在一年中

反复无常的轮子里,

---

1 圣胡安节是天主教的节日,在六月二十四日,这是一年中白昼最长的一天。晚上,人们点篝火、放烟花以示庆贺。

如同赌徒下注时的钱币!

主啊,今天是慈父,昨天鲜血淋漓,
你有仁爱与复仇的两张面孔,
我对你的祈祷、亵渎和赞美,
都在赌徒投出的色子中!"

这个在神坛诅咒上帝的人,
不再关注命运之神的眉头,
他也梦见了道路在海洋上
并说:"上帝通向死亡。"[1]

他可是那个将上帝置于
战争之上的人?他全然
不顾命运,超越大地,
也超越海洋和死神。

难道伊比利亚的橡树
不曾为上帝之火奉献美好的枝条?
难道在爱的圣火里,它不是和上帝
在纯粹火焰中一起燃烧?

---

[1] 这句诗的原意是:"上帝是海上之路。"在西班牙诗歌传统中,"生命是河流,大海则是死亡",译者在此采用了"海洋"的引申意义。

但是今天……一天有什么要紧！
为了新的灶神
有干旱的草地在阴暗的树丛，
有绿色的木柴在古老的圣栎树林。

长远的祖国依然在期待
向弯曲的耕犁敞开它的田地；
在铁兰、蒺藜和牛蒡中
播种上帝的谷粒。

一天有什么要紧！昨天警惕
明天，明天警惕永远；
西班牙人没有死，过去也没有死，
明天尚未书写——昨天也尚未写完！

谁见过西班牙上帝的面庞？
我的心期待着伊比利亚人
用自己强劲有力的手掌
将黑褐色土地的严肃的上帝
刻在卡斯蒂利亚的橡树上。

致老榆树

老榆树,曾被雷击
并有一半腐烂,
四月的雨水和五月的阳光
使它又长出了几个绿色的叶片。

百年的老榆树啊,
杜埃罗河舔着它所在的山岭!
发黄的苔藓斑驳了它发白的树皮,
布满灰尘的树干已被蛀空。

它不会成为护卫道路与河岸
会唱歌的白杨,
让褐色的夜莺搭建自己的巢房。

蚂蚁的大军,排成行
攀缘而上,在它的胸膛里面,
挂着灰色的蛛网。

杜埃罗河的榆树啊,

在樵夫用斧子把你砍倒之前,

木匠会把你做成钟棰、

大车的车干或小车的车辕。

明天,在路边

寒酸小屋的炉膛里

你被燃烧得通红之前,

在旋风把你连根拔起,

银色山峦的风将你刮断之前,

在河水越过山谷和悬崖,

将你推进大海之前,

榆树啊,我想将你碧绿

枝叶的优雅,记录在案。

向着阳光,向着生命,

我的心也在期盼

春天新的奇迹的出现。

索里亚,1912

那边，在高原……

那边，在高原，
杜埃罗河画出弓形的曲线，
索利亚周围，
在铅灰色的山岗
和零落的圣栎林中间，
我的心在流浪，在梦乡……

你没看见吗，莱奥诺尔[1]，河边的杨树
和它们僵硬的枝干？
请看蓝白色的蒙卡约山；
把你的手给我，让我们去散步。
沿着我家乡的田野——
镶着灰蒙蒙橄榄林的花边，
我独自走着，
忧伤，衰老，疲惫，思绪万千。

1　诗人已故的妻子。

一个夏日的夜晚……

一个夏日的夜晚

——我家的阳台

和门都在敞开——

死神闯进来。

死神走近她的床前

——甚至不看我一眼——

用纤细的手指,

将一个脆弱的东西掐断。

对我沉默不语,看也不看,

死神又一次

经过我面前。你干了什么?

死神默默无言。

我的姑娘恬然,

我的心受熬煎。

哎,死神掐断的是

连接我们的那一根线!

箴言与歌谣

11

好心人伸手总是将我们的荣誉夺走,
但格斗者伸手从来不是侮辱。
美德是堡垒,善良是勇敢,
盾牌、利剑和权杖总在额头下面,
因为正直的品德拥有各种武器:
不仅会抵挡、伤害、等候,更会出击。
丁字镐为了摧毁,皮鞭为了抽打,
锻炉使铁熔化,钢锉磨出光滑,
刻刀能雕镂,錾刀能凿孔,
剑能劈,锤能砸。

14

美德是一种快乐,能为最沉重的心灵
减压,能让加图[1]的眉头舒展。

---

1 加图是古罗马的政治家。

好人就是那守在路边的人。
水,卖给口渴者;酒,卖给醉汉。

21

昨天我梦见自己
看到了上帝并和他讲话,
梦见上帝在倾听……
然后梦见那是在做梦。

23

可爱的朋友们,对我
前额上的皱纹不要吃惊。
我与人们和睦相处,
却与我的内心进行战争。

24

十个脑袋,九个在攻击,
一个在考虑。愚蠢者
绞尽脑汁,处心积虑,
对此永远都不要惊奇。

26

让一个烧炭工,一个智者,
一个诗人,置身于田间。
你们将看到智者怎样观察、思考,
诗人如何赞叹又沉默无言……
或许,烧炭工在寻找
黑莓和蘑菇。
然后带他们到剧院,
只有烧炭工不打呵欠。
谁热爱鲜活而不爱画出的死物
谁便会思考、憧憬或歌唱。
烧炭工的头脑里
充满了梦想。

29

行人啊,你的足迹
就是路,如此而已;
地上本无路,
路是人走出。

路因走而成,
回头望

便会看到一条
不会再有人走的小径。
行人啊,地上本无路,
人在地上走,
像船在海上行。

30

"有希望的人才会失望",
这是大众的话语。
却是多么正确的真理!

真理就是真理,
不会改变,
哪怕人们想的与它相反。

47

人有四件东西
在海上派不上用场:
锚、舵、桨,
还有对海难的恐慌。

50

——我们的西班牙人在打哈欠。

是饿了?困了?还是厌烦?

大夫,他的胃里是不是空无一物?

——空无一物的不是他的胃,而是他的头颅。

51

灵魂之光,神圣之光,

太阳,路灯,火炬,星星……

一个人摸索着前行;

用剑挑着灯笼。

52

两个青年在商议,

要到当地的节日去,

他们该从大路走

还是穿过庄稼地。

说着说着变吵架,

两人开始动手打。

各执松木棒,

愤怒打对方;

互相揪胡子，

恨不得全拔光。

一个车夫经过，

边走边歌唱：

"朝圣者，去罗马，

条条大路

都走得，

只有走才能到达。"

1909 年

（选自《卡斯蒂利亚的田野》）

献给年轻的西班牙

……那是谎言和无耻的时代。
整个西班牙,醉生梦死、遍体鳞伤、
贫穷憔悴,为了触摸不到伤痕,
给她披上了狂欢节的盛装。

那是昨日,我们几乎是少年,
恶劣的时代,孕育着悲惨的预言,
那时我们想凭空编织一个梦想,
当大海已入睡,海难已司空见惯。

我们将破旧的帆船丢在海港,
快乐地乘着金色的船只去远航,
深入远海,不想靠岸,
扬帆、抛锚,驾驭着海洋。

那时,一缕霞光想照进我们的梦想——
那战败的、不光彩的世纪的遗产

正在远去——与我们的混浊
战斗的是神圣的思想之光。

但每个人都在继续他的疯狂之旅,
舞动手臂,彰显着他的勇气,
卸下宛如明镜的盔甲,并说:
"今天倒霉,但明天……属于我。"

昨日的明天即今日……整个西班牙,
身披那狂欢节肮脏、华丽的服装,
依然是醉生梦死,贫穷憔悴,
但今天的苦酒是它血浆。

你,更年轻的青年时代,如果你的意志
来自更高的山峰,你将甘冒清醒、
透明的风险,奔向神圣的光明:
它像钻石一样纯洁,像钻石一样晶莹。

1914 年 1 月

(选自《歌集》)

第五章 加布列拉·米斯特拉尔诗文选

导读

加布列拉·米斯特拉尔(1889—1957)原名卢西亚·戈多伊·阿尔卡亚加,是拉丁美洲第一位诺贝尔文学奖获得者(1945年),也是迄今为止获此殊荣的西班牙语作家中唯一的女性。"她那富于强烈感情的抒情诗歌,使她的名字成了整个拉丁美洲理想的象征。"米斯特拉尔生前主要发表了四部诗集:《绝望》(1922)、《柔情》(1924)、《塔拉》(1938)和《葡萄压榨机》(1954)。此外,她还在报纸杂志上发表了大量的散文作品。她死后的第二年,智利圣地亚哥太平洋出版社出版了她的第一部散文集《向智利的诉说》。1967年,在巴塞罗那又出版了她的《智利的诗》。

米斯特拉尔的父亲曾是小学教师,生性好动,像个"吉卜赛人的国王",能够弹着吉他像行吟诗人一样即席演唱。在女儿三岁的时候,他离开了家乡。诗人曾回忆说:"由于他总是不在,我对他的记忆可以说是痛苦的,但却充满了崇拜和敬意。"女儿从他那里继承了好动而又坚毅的性格、诗人气质、出色的记忆力和一双绿色的眼睛。诗人的母亲叫佩特罗尼拉·阿尔卡亚加·罗哈斯,这是一位俊秀而又善良的女性,她与诗人的母女之情是感人至深的,《忆母亲》就是母女情深的真实写照。在米斯特拉尔的童年,有两个人曾对她产生过深刻的影响:一个是她的祖母,另一个是她的同母异父的姐姐艾梅丽娜。每当星期天,母亲就叫她去看望"疯祖母"。祖母是村上唯一有一本《圣经》的人,并且不厌其烦地叫孙女一遍又一遍地朗诵,从而使它成了米斯特拉尔的启蒙课本,使这本"书中之书"在她幼小的心灵中深深地扎下了根,给她的一生留下了不可磨灭的烙印。实际上,她对《圣经》的记忆比对祖母的记忆要深刻得多。艾梅丽娜也是小学教师,比米斯特拉尔年长十三岁,是她真正的启蒙老师。

这个在大山中长大的姑娘从小就表现出诗歌方面的天才。九岁就能即兴赋诗,让听众惊得目瞪口呆。由于经济条件的限制,她没有进过什么正规的学校,她的文化知识和艺术修养主要来自耳闻目睹、刻苦钻研和博览群书。但丁、泰戈尔、托尔斯泰、普希金、果戈理、陀思妥耶夫斯基、罗曼·罗兰、乌纳穆诺、马蒂、达里奥等文学巨匠都曾是她的老师,至于法国诗人米斯特拉尔(1904年诺贝尔文学奖获得者)和意大利诗人加布列尔·邓南遮对她的影响,从加布列拉·米斯特拉尔这个笔名上即可看出。

为了维持家庭生活,米斯特拉尔从十四岁起就开始工作,在山村小学做助理教师。她勤奋敬业,得到的却是校长和同学们的奚落和嘲讽。二十岁时,她已在省内的报刊上发表诗歌和短篇小说,引起人们的瞩目。因此,从1910年起,她从助理教师转为正式教师,又从小学转到中学,并先后在蓬塔阿雷纳斯、特穆科和圣地亚哥等城市担任过中学校长的职务。1914年她参加了智利作家艺术家联合会在圣地亚哥举行的"花奖赛诗会",以三首《死的十四行诗》荣获了鲜花、桂冠和金奖,从此便沿着荣誉和玫瑰花铺成的道路青云直上。然而,腼腆的诗人为了逃避共和国总统和圣地亚哥市长的目光,尤其是为了逃避人群的掌声,她没有上台去领奖,而是躲在人丛中,欣赏当时任作家艺家联合会主席职务的诗人麦哲伦·牟雷（她心目中的情人）朗诵时那"美妙"的声音。

1922年，应墨西哥教育部长的邀请并受智利政府的委托，米斯特拉尔前往美丽的"仙人掌之国"帮助实施教育改革。同年，在纽约的西班牙研究院出版了她的诗集《绝望》，这是她的成名作，也是她的代表作。两年后，她完成了在墨西哥的使命，赴美国和欧洲旅行，在马德里发表了《柔情》集，其中不少诗作是从《绝望》中抽出来的。1925年2月，当她回到祖国时，像凯旋的英雄一样，受到了全社会的欢迎。从此，她开始了新的生活。智利政府任命她为智利驻"国联"（即后来的联合国）的代表和罗马教育电影学会执行委员。1928年她赴西班牙参加国际妇女大会。1930年她迁居美国，在各地开设学术讲座。1931年，在回国途中，她访问了中美和加勒比海各国，在波多黎各和哈瓦那大学讲学，在危地马拉和萨尔瓦多的大学参加各种活动，在巴拿马参加纪念哥伦布的活动并荣获金奖。1932年她开始了外交生涯。她本想去热那亚做领事，但墨索里尼拒绝接受，仅仅因为她是女性，于是她不得不改去危地马拉，后来又去了法国的尼斯。1933年，她获得了"波多黎各女儿"的称号。同年7月她去马德里任领事（1933—1935），后又去里斯本任职（1935—1937）。从1935年起，智利政府任命她为"终身外交官"。1937至1938年，她与两位诺贝尔奖获得者——著名物理学家居里夫人和哲学家亨利·柏格森——在巴黎共同为"国联"工作。1937年，她决定将第三部诗集《塔拉》的版权收入献给西班牙在内战中失去双亲的孤儿。在第二次世界大战期间，她回到了美洲，先是居住在墨西哥的维拉克鲁斯（1938），后又迁居巴西的尼泰罗伊和佩特罗波利斯(1939—1944)。在此期间,她为《美洲丛刊》、圣地亚哥的《商报》、布宜诺斯艾利斯的《国家报》等许多报刊撰写稿件。

1945年,她获得了诺贝尔文学奖,然后从斯德哥尔摩赴法国和意大利访问,并受智利政府的派遣,直接去旧金山参加联合国成立大会。她是联合国妇女事务委员会委员,并积极参与了联合国儿童基金会的创建工作,起草了《为儿童呼吁书》。后来曾任驻洛杉矶(1945)、蒙罗维亚(1946)和圣巴巴拉(1947—1950)领事。米尔斯学院、奥克兰大学、加利福尼亚大学先后授予她荣誉博士称号,墨西哥政府专门在索纳拉送给她土地,请她在那里定居。1951年她荣获了智利国家文学奖并将十万比索的奖金捐给故乡的儿童。同年,发表了谴责帝国主义冷战政策的散文诗《诅咒》。1950至1952年,她先后在那不勒斯和拉巴洛任领事。在此值得一提的是,1952年,米斯特拉尔本应来华出席亚太地区和平会议,令人遗憾的是她因病未能来到北京,但是在会上朗诵了她写的《诅咒》。1953年任驻纽约领事。1954年哥伦比亚大学授予她荣誉博士称号。同年她回到智利,受到知识界和广大人民的热烈欢迎。1955年,她应联合国秘书长哈马舍尔德的邀请,参加了联合国大会。同年,智利政府为她颁发了特殊养老金。1956年年底,她身患重病,1957年1月10日在纽约逝世。当她的遗体运回智利时,政府和人民为她举行了国家元首级的葬礼。

在我国,我不是第一个介绍米斯特拉尔诗歌的人,但我是第一个《米斯特拉尔诗选》的译者。1986年,漓江出版社出版了米氏诗选,题为《柔情》，两年后再版；1992年，又出了增补版，总印数达到了五万余册。此后，这位拉丁美洲第一位诺贝尔文学奖得主的诗选又分别于2004年、2011年和2017年在河北教育出版社、东方出版社和燕山出版社出版。

我欣赏和翻译米斯特拉尔，不仅由于她的诗歌，更由于她的人品。读她的诗歌，关键词是爱：情爱、母爱、博爱。在这里选译的作品中，《爱是主宰》《天意》《死的十四行诗》将情爱写到了极致；《孤独的婴儿》和《忆母亲》堪称写母爱的范文；《大树的赞歌》以及《四瓣花》《少一些神鹰，多一些小鹿》都体现了深切的博爱情怀。其中《爱是主宰》(Amo amor)，有些人译作《我喜欢爱情》，因为 amo 可以是动词 amar 的第一人称变位(我爱)，但根据诗作的内容，我认为在此应是名词 amo，即"主人""主子""主宰"。至于《艺术家十诫》，是诗人的经验之谈，只要把"上帝"换作"自然"或"造化"，对我们就非常有参考价值。每当我读到《大树的赞歌》，就会想起前几年在国内流行的一首歌曲——《好大一棵树》，词句虽有不同，但内容何其相似，可见"大树的无私奉献"是人们共同追求的高尚情操。

孤独的婴儿

致萨拉·胡伯内尔

听到哭声我停在山坡上,
走进路边小屋的门廊。
婴儿从床上投来欢快的目光,
甘甜似美酒使我陶醉异常。

母亲迟迟未归,躬身操劳在耕地上,
孩子醒来,寻找玫瑰色的奶头哭声凄凉,
我把他紧紧抱在自己的怀里,
一首摇篮曲油然而生,嘹亮悠扬……

月亮透过敞开的窗将我们凝望,
孩子已经入睡,歌声还在回荡,
像是新的光源,照得我心花怒放……

当母亲颤抖着打开房门,
看见我脸上洋溢着幸福的光芒,
就听任婴儿在我的怀里畅游梦乡!

爱是主宰

它在田垄间自由来往,在清风中展翅飞翔,
在阳光里欢腾跳跃,与松林紧贴着胸膛。
你能忘却邪恶的思想,却无法将它忘在一旁:
　　你不能不聆听它的主张!

它的语言像莺啼燕唱,有时又铮铮作响,
既有和风细雨的乞求,也有命令似的惊涛骇浪。
不要做出狂妄的神态,也不要装出愁苦的模样:
　　对它的接待没有商量!

它是一副主人的模样,借口软化不了它的心肠。
它能打破鲜花的酒杯,也能劈开冰冻的海洋。
你不能拒绝它的留宿,你无法开口对它言讲:
　　对它的接待没有商量!

细致的反驳头头是道,
智者的论据,女人的温良。

除了神学,人类的科学能拯救你:
　　对它的信念可要坚强!

它用麻布将你蒙上;你却会对它顺从忍让。
它热情地将你拥抱,你无法摆脱它的臂膀。
它向前行走,你会盲目地跟上,
　　尽管知道前面是地狱不是天堂!

天意

一

大地会变成继母,
如果你出卖我的灵魂。
河水会变得凄凄惨惨,
从上到下冷汗淋淋。
自从你和我订下婚姻,
世界多么美丽动人。
当我们靠着一棵带刺的树,
相对无言,默默倾心。
爱情啊,像树上的刺儿一样
将我们穿在一起,用它的清馨!

大地会叫你毒蛇缠身,
如果你出卖我的灵魂。
我要毁掉痛苦的膝盖,
你会永远断子绝孙。
耶稣的光辉将在我胸中熄灭,

一反常态——在我的家门：
乞丐的手臂会被打断，
还要驱赶受难的妇人！

二

你对人的亲吻，
会传到我的耳边，
因为深深的岩洞
为我传递你的语言。
路上的尘土
会保存你脚掌的气味，
我会像小鹿一样闻着
随你跑遍群山……

云彩会将你爱的人
画在我房子上面。
你像小偷一样去把她亲吻，
钻进地心里边。
当你捧起她的脸，
会看到我珠泪串串。

三

如果你不和我一起行走,
上天会叫你失去阳光;
会叫你没有水饮,
如果水中不映着我的形象;
会叫你彻底不眠,
如果你不是枕在我的发辫上。

四

如果你离开,哪怕路上长满
青苔,也会震碎我的灵魂,
无论在山地还是平原,
饥渴都会将你撕啃。
无论在哪个国家的黄昏,
晚霞都是我创伤的血痕。
尽管你在招呼别的女人,
我仍在倾听你的声音。
我会像一股盐水,
渗入你的喉咙藏身。
无论你渴望、歌唱或仇恨,
都只能为我一个人!

五

如果你走了并死在远方,
你要在地下等我十年。
把手捧得像瓢儿一样,
让我的泪水流在里边。
你会觉得那痛苦的肌体
在使你全身发颤,
直到我的尸骨化成粉末
撒在你的脸儿上面!

死的十四行诗

一

人们将你放在冰冷的壁龛里,
我将你挪回纯朴明亮的大地,
他们不知我也要在那里安息,
我们要共枕同眠,梦在一起。

我让你躺在阳光明媚的大地,
像母亲照料酣睡的婴儿那么甜蜜。
大地会变成柔软的摇篮,
将我痛苦的婴儿抱在怀里。

然后我将撒下泥土和玫瑰花瓣,
在月光朦胧蓝色的薄雾里,
把你无足轻重的遗体禁闭。

赞赏这奇妙的报复我扬长而去,
因为谁也不会下到这隐蔽的深穴

来和我争夺你的遗体!

二

有一天,这长年的苦闷会更加沉重,
那时候灵魂会告诉躯体,它不愿
再在玫瑰色的路上拖着负荷,
尽管那里的人们满怀生的乐趣……

你将觉得有人在身旁奋力挖掘,
另一个沉睡的女人来到你寂静的领地,
待到人们将我埋葬完毕,
我们便可以畅谈说不完的话语!

到那时你才会知道为什么
你的躯体未到成年又不疲倦,
却要在这深深的墓穴里长眠。

在死神的宫殿里也有光芒耀眼,
你将明白有星宿在洞察我们的姻缘,
背叛了婚约就该命丧黄泉……

三

自从那天邪恶的双手控制了你的生命,
按照星宿的示意,它离开了百合花丛。
当邪恶的双手不幸地将它掌控,
它在欢乐中正当开花的年龄……

我曾对上帝说:"有人把他引上死路。
他们不会指引那可爱的魂灵!
主啊,让他逃出那致命的魔掌,
或沉浸在你赐予人们漫长的梦中!

我不能向他呼喊,也不能随他前行!
倾覆他小船的是一阵黑色的暴风。
让他回到我的怀抱或让他英年丧生。"

他生命的玫瑰之舟停止了运行……
难道我不懂爱,难道我没有情?
将要审判我的主啊,你对此了解得最清!

大树的赞歌

致堂何塞·巴斯孔塞罗斯[1]

大树啊,我的兄弟,
褐色的深根扎进地里,
昂起你那明亮的前额,
渴望能够直冲天际:

让我对焦土充满爱心,
靠它的养分我才能生存,
让我的心灵永远牢记
蓝色国土是我的母亲。

大树啊,你对路上的行人,
表现得多么和蔼可亲,
用你宽广、清凉的树荫
还有你那生命的光轮:

---

1 当年墨西哥的教育部长,他曾邀请诗人赴墨协助进行教育改革。

在生活的原野中,
请你揭示我的形象,
对人温柔而又热情,
像幸运的女孩一样。

大树产量十倍地增长:
鲜红果实,建筑栋梁,
树荫可以保护行人,
花儿四处散发芬芳;

树胶质地多么柔软,
汁液功能奇妙异常,
手臂参差婀娜多姿,
歌声悦耳韵律悠扬:

让我也能激情荡漾,
也能具有丰收产量,
让我的胸怀和思想
如同世界一样宽广!

无论任何活动
都不会使我疲倦:
精力洋洋洒洒

永远消耗不完!

大树啊,你的脉搏
多么平静安详,
可你看世界的狂热
正耗费我的力量:

让我像男子汉
一样平心静气,
他给希腊的石雕
添上了神的气息。

你的温柔慈祥
正是女性的心肠,
枝头轻轻摇晃
生命小小的巢房:

给世人广阔的荫凉
像他们需要的那样,
他们在人类浩瀚的林海
找不到枝头遮蔽风霜。

无论在什么地方

你总是热情激荡,
佑护者的精神
总是那么高涨:

让我也像你一样,无论
童年、老年,快乐、悲伤,
让坚贞普遍的爱
总在灵魂中闪光。

忆母亲

母亲，在你腹部的深处，我的眼睛、嘴和双手悄悄地成长。你用最富有营养的血液浇灌着我，宛似雨露滋润着风信子藏在地下的根。我的感官都是你的，是向你的肌体的借贷，我凭着它而漫游世界。所有射进并闪烁在我心中的大地的光泽都会将你赞扬。

*

母亲，我在你的膝盖上长大，宛似茁壮枝头上的果实。你的膝盖至今还留着我身体的形状，另一个儿子也没有将它抹去。你多么习惯摇晃着我啊，当我在路上跑时，你站在那里，站在家里的走廊上，似乎为感觉不到我的重量而悲伤。

母亲，在"第一乐手"所演奏的百首旋律中，没有任何一首比你的摇晃更温柔，我心灵中的乐事无不与你的手臂和膝盖的摆动融合在一起。

你一边摆动，一边歌唱，那些诗句都是俏皮的语言，都是你宠爱的借口。

在这些歌曲中，你给我罗列地上的万物：山丘、果实、村镇、田间的小动物，好像为了让你的女儿在世上落户，你向她介绍家里的成员，这是多么奇怪的家庭啊！她已经是其中的一员了。

*

这样，我渐渐熟悉了你严峻而又温柔的天地：每一个名称，孩子们都是跟你学的。老师们只是在后来才使用这些你早已教会的美丽的名称。

母亲，你渐渐让我接近那些不会伤害我的纯真的东西：园子里的一叶薄荷，一块彩色的石子。而我在它们身上感受到了小伙伴的友情。你有时给我买玩具，有时给我做玩具：一个洋娃娃，她的眼睛像我的一样大，一个很容易拆掉的小房子……不过你不会忘记，我不喜欢没有生命的玩具：对我来说，最美的玩具就是你的身体。

*

我抚弄你的头发，像玩着光滑的水丝，抚弄你圆圆的下巴、你的手指，我将你的头发编起来又拆开。对你的女儿来说，你垂下的脸庞就是世界上的全部景观。我好奇地注视着你迅速眨动的眼睛和碧绿眸子中的闪光，母亲，还有当你痛苦的时候，那经常出现在你的脸庞上的奇异的表情！

的确，我的整个世界就是你的脸庞；你的面颊，宛似蜜色的山冈，痛苦在你的嘴角刻下的纹络就像两条小小的柔和的山谷。我注视着你的头，记住了形象：你的睫毛如同小草的颤抖，你的脖颈像植物的茎，而当你俯身向我时，便会皱出一道充满柔情的褶痕。

当我已经会拉着你的手走路时,便去认识我们的山谷,紧紧地贴着你,就像你裙子上的一条活的皱褶一样。

*

父亲们都忙得不可开交,无暇领子女出去走走或是往坡上爬。

我们更是你的子女;我们依然纠缠着你,就像是杏仁待在封闭的杏核里一样。我们最喜欢的天空不是那个充满了亮晶晶的寒星的天空,而是另一个,是你眼睛的天空,眼睛离得那么近,当它们哭泣的时候,我们可以吻吻。

父亲在生活的疯狂中勇敢地闯荡,我们对他的生活一无所知。我们只看到他傍晚归来,常常把一小堆干果放在桌上,看见他交给你那些为全家做衣料的粗棉布和法兰绒,你就用它们给我们做衣服穿。然而,给孩子们剥开干果并在炎热的中午哄他们睡觉的都是你啊,母亲。将法兰绒和粗棉布裁成小块儿,再把它们做成可爱的、孩子们怕冷的身体穿着正合适的衣服的,也是你啊,穷苦的、至亲至爱的母亲!

孩子们已经会走路了,而且会像收集彩色玻璃球儿一样收集语汇了。那时你便在他的舌面上放上一句轻轻的祈祷,这句话从此就留在那里,直至我们生命的最后一天。这句话是那样纯朴,就像百合的剑形叶片一样。用这么短的话,我们能要到在世界上舒适而又透亮地生活所需要的一切:要每天的面包,说人们是我们的兄弟,并赞美上帝坚强的意志。

这样，它不仅为我们展示了犹如铺开的棉布一样充满形态和颜色的大地，而且也使我们认识了隐藏着的上帝。

*

母亲，我是个悲伤的女孩儿，孤僻的女孩儿，像白天躲起来的蟋蟀，又像绿色的、喜欢沐浴阳光的蜥蜴。你常常为女儿不像别的孩子一样玩耍而难过。当她在家里的葡萄架旁与弯弯曲曲的藤蔓，与一棵苗条、俊秀的像一个惹人喜爱的男孩一样的巴旦杏树说话时，你常常说她在发烧。

此时此刻，她又这样与你说话，可你不回答她；倘若能看见她，你一定会用手摸着她的前额，像那时一样地说："孩子，你发烧了。"

*

母亲，在你以后，所有来教我们的人，都用很多的话才能教你用很少的话教给我们的东西：他们会使我们的听觉厌烦，抹杀我们"享受"听故事的快乐。你的女孩儿舒舒服服地待在你的胸脯上，轻轻松松地学习。你对女儿进行教育，就像献出金色蜂蜡般的爱心；你从不勉强开口，所以总是从容不迫，你是在向女儿倾诉衷肠。你从不要求她安安静静、规规矩矩地坐在硬板凳上听你说话。她往往是一边听你说话，一边玩着你上衣的花边，或者是袖子上的螺钿纽扣儿。母亲，这是我所体验过的唯一令人愉快的学习方式。

*

后来，我成了一个姑娘，尔后又成了一个女人。我独自行走，不再依傍着你的身躯，我知道这所谓的自由是一个并不美好的事物。我看到自己的影子透射在田野上，难看而又悲哀，旁边没有你小巧的身影。我说话也不再需要你的帮助。我多么想还像从前那样，每一句话都有你的引导，好让我说的话成为我们俩共同编织的花环。

现在我闭着眼睛和你说话，忘却了我身在何处，为了不必知道自己是在那么遥远的地方；紧紧地闭着眼睛，为了不去看你的胸脯和我的脸庞之间隔着一片如此辽阔的海洋。我和你说话，宛如摸着你的衣裳；我微微张开双手，觉得你的手被握在其中。

我已经告诉过你：你把身躯借给了我，我用你为我造就的双唇讲话，用你的眼睛观赏神奇的土地。你同样通过它们看见热带的水果——沉甸甸的菠萝和光闪闪的甜橙。现在你用我的眼睛观赏不同山峦的景色，它们与那座光秃秃的山是多么不同啊，你正是在那里养育了我！你通过我的耳朵倾听这些人的谈话，他们的口音比我们的更柔和，你会理解他们，爱他们；有时你也会为我难过，当思乡的念头像一块烧伤似的折磨着我，睁大眼睛，在墨西哥景色中什么也看不到。

*

在今天和所有的日子里，我都感谢你给了我收集大地上的美的能力，就像用双唇吸水一样，也感谢你赋予我那痛苦的财富，我的心灵深处能承受痛苦并不会死去。

为了相信你在听我说话,我闭上眼睛,并将这清晨抛到脑后,因为我想到你那里正是傍晚。至于其他的事情,由于无法言传,我就不再说了……

四瓣花

在一段时间内，我的灵魂是一棵树，有百万个鲜红的果实挂满枝头。那时只要看我一眼，就会使人感到充实；只要听一听上百只鸟儿在我枝杈间的歌声，就会令人深深地陶醉。

后来，我的灵魂成了一株灌木，繁茂的枝条压得它直不起腰来，但依然能溢出芳香的汁液。

现在，它只是一朵花，一朵四瓣的小花。一个瓣叫美，另一瓣叫爱，它们紧紧地连在一起；第三瓣叫痛苦，第四瓣叫怜悯。就这样，一瓣接一瓣地开放，最后将一瓣也不剩。

四个花瓣的底部有一滴血，因为对我来说，美是痛苦的，爱只有忧愁，怜悯从创伤中产生。

你，当我的灵魂是大树的时候，就已经了解我，但却姗姗来迟，黄昏时分才来找我，或许从我身边经过时已经认不出来。我将在灰尘中默默地望着你，通过你的面孔，我会看出一朵朴实的花能不能使你满足。这朵花是那么渺小，就像一滴泪珠一样。如果我从你的眼中看到雄心，我将让你去寻找别的花，她们现在正是大树。

因为今天我在灰尘中的伴侣只能是朴实至极的人，他要安于这一缕微弱的光辉，他的雄心要彻底泯灭，脸要永远贴着我的土地，忘却世界，将双唇置于我的脸上。

少一些神鹰，多一些小鹿

对智利人来说，我们国徽上的神鹰和小鹿是具有非凡表现力的象征，它体现了精神的两个侧面：力量与风度。这种二重性本身，就使得它极难表现出来。它们相当于某些神谱中的太阳和月亮，或者陆地与海洋，是两种对立的因素，二者都是美德，但对于精神来说，却构成一个难以解决的命题。

无论在学校里还是在那些慷慨激昂的演说里，人们总是不厌其烦地强调神鹰的寓意，对它那徽标上的同伴，对那可怜的小鹿，却很少论及，连它生活的地理环境几乎都无人知道。

坦率地说，我对神鹰缺乏好感，归根结底，它不过是一种美丽的秃鹫。然而，我见过它在安第斯山上空漂亮的飞翔。但一想到它画出那伟大的弧线只是为了悬崖绝壁上的一块腐肉，心中的激情便破碎不堪。我们女人就是这样，比人们对我们的想象要实际得多……

学校的老师向孩子们解释说："神鹰标志着一个强大种族的统治，体现了强者的自豪。它的飞翔是世间最美的事物之一。"

徽标滥用了猛禽的家族，在战争的标志中，有那么多的鸢、那么多的鹰，由于过多的重复，那钩嘴和铁爪已经说明不了什么。

我喜欢智利的小鹿，为了更具特点，它连枝形的角也没有，对于教育家们不曾解说的小鹿,我大约会向孩子们说:"小鹿是一种敏感而又细心的动物,它与羚羊是亲戚,这就说明它与完美有缘。

"小鹿的力量在于敏捷。精细的感觉保护着它,锐利的听觉,全神贯注的水汪汪的眼睛,灵敏的嗅觉。它像家族其他成员一样,往往不是用战斗而是用智慧来拯救自己,因为智慧使它具有难以形容的能力。它的嘴细小灵活,蓝色的目光搜索周围的树林;脖子是最纯洁的图画,两肋随着呼吸而伸缩,蹄子坚硬,像银铸的一样。人们会忘掉它是动物,因为它倒更像一幅花的图案。它生活在灌木丛蔚蓝的光芒里,在它如离弦之箭的敏捷中也有光的闪烁。"

小鹿标志着一个种族的灵敏性:精细的感觉,富有警惕性的聪慧,洒脱的风度。这一切都是精神的防御,距离是看不见的,却很有效。

神鹰,为了美,必须在高空滑翔,彻底摆脱山谷;小鹿只要把脖子垂下水面,或高高仰起监视某种动静,就会成为完美的象征。

神鹰主动出击,将钩嘴啄进马背,小鹿借被动防卫以摆脱敌人,因为它能在百步之外就嗅到气味,在二者之间,我喜欢后者。能从甘蔗林后面观察动静的多情的眼睛,比一味从高空进行控制的残忍的眼睛好得多。

如果单单是小鹿,这象征或许太女性化,不宜表现一个民族的特征。在这种情况下,小鹿可以是我们精神的第一位的特征,是我们天生的脉搏,而神鹰则是紧急关头的跳动。在和平、晴朗的日子里,一切都应当是和平的,脸色、语言、思维都应当是温柔的,神鹰只能在极其危险的悬崖峭壁上空飞翔。

另外，对力量的象征最好不要夸张。在赞美国徽上的小鹿的时候，我想起了希腊人的桂树，既柔和又坚挺的叶子。桂叶之所以被选作象征，恰恰是因为希腊人是象征学的大师。

在我们的事业中，对神鹰炫耀得很多，我要说的是，现在应该炫耀一下我们所具有的其他东西了，我们对它们从未强调过。收集智利历史上的友善举动就是很好的，这类事情的确很多；情同手足的事例充满了被遗忘的历史篇章。对神鹰的偏爱或许已经对我们造成了损害。将一个事物置于另一个事物之上是不容易的，但日久天长之后，可以做到。

有些民族英雄属于神鹰的范畴；同样，小鹿也有自己的代表人物，而现在是强调后者的时候了。

关于智利小鹿，动物学教授在下课时总是说："这是鹿的种群中已经消失的种类。"

这小小的动物在某个地理区域消失并不重要；重要的是羚羊目在智利人中曾经存在并将继续存在。

第六章 加西亚·洛尔卡诗作八首

导读

在西班牙"27年一代"的诗人中，加西亚·洛尔卡在我国译介得最多，而且对我国诗歌创作界的影响也最大。加西亚·洛尔卡于1898年6月5日出生在格拉纳达的郊区小镇富恩特－巴克罗斯，父亲是个开明而又有文化修养的庄园主，母亲是村里代课的小学教师，他从小就受到了多方面的艺术熏陶。加西亚·洛尔卡出生的城市是一座极具特色的城市，是一座历史文化名城，阿尔罕伯拉宫是它的标志。格拉纳达于1492年被天主教双王攻克以后，经济并没有得到发展。直至20世纪初，还只是个仅有七万五千人口的小城，被称作"活着的废墟"。后来制糖业的兴起使那里的资产阶级开始了"现代化"进程，但无论在政治方面还是在文艺方面，都依然是一个相当保守的地方。这也是思想行为超前的加西亚·洛尔卡在自己的家乡惨遭杀害的原因之一。

与格拉纳达不同，加西亚·洛尔卡的出生地——富恩特－巴克罗斯镇却并不保守。这是距格拉纳达市十八公里的一个小镇。它是原"罗马丛林"庄园的核心。这个庄园占地一千五百公顷，原是西班牙王室的财产。1813年，抗法战争结束后，加的斯的王室成员将它赠给打败拿破伦军队的威灵顿（1769—1852）公爵。因此，当地居民曾属英国贵族管辖，信奉新教，具有自由、开放的传统。这种氛围对洛尔卡思想品格的养成产生了很大影响。

加西亚·洛尔卡天资聪颖，八岁时已能背诵百余首民谣。如果后来不致力于诗歌和戏剧创作，他或许会成为画家或音乐家，如同他的朋友达利和法雅那样。他于1914年入格拉纳达大学学习法律，后改学文学、绘画和音乐。加西亚·洛尔卡大约从十九岁开始写诗，同时写散文。由于音乐老师去世，家庭又不同意他出国，便停止了音乐学习，但他从事诗歌创作的意志却是不可动摇的。他于1919年赴马德里大学学习，在著名的大学生公寓结识了不少诗人和艺术家，并经常在"公寓"和马德里各地朗诵自己的诗歌和戏剧作品。1921年他出版了第一部《诗集》。这是一本自选集，而且种种迹象表明，有大量作品未被选中。在这部诗集中，每一首诗都标有创作的年月。至于其他诗作，要确定其创作日期就很难了，因为他往往同时穿插进行不同诗集的创作。例如，《歌集》《组歌》和《吉卜赛谣曲集》的创作就是穿插进行的。1932至1935年，他率领"茅屋"剧团在西班牙各地巡回演出。1936年7月内战爆发，同年8月19日凌晨，法西斯分子杀害了这位如日中天的天才诗人和剧作家。

洛尔卡的诗歌创作分为三个时期。1920—1927年为第一个时期。在《诗集》之后，《深歌》《组歌》《歌集》和《吉卜赛谣曲集》的风格相近，传统的韵律和现代主义的影响并存，基本上是表现客观的诗歌体验，个人内心情感的抒发是有节制的。《组歌》《深歌》和《歌集》中的许多作品都是如此：诗人的感情世界是戴着面具的。在一定程度上，这与"纯诗"不无关系。在这个时期，贡戈拉一直是他心目中崇拜的偶像。1927年初，《吉卜赛谣曲集》的创作基本完成，它为洛尔卡赢得了极高的声誉。但他对这部诗集的局限性有十分清醒的认识，因此，在一片赞扬声中，他不无惋惜地告别了第一个时期，开始了一种全新风格的创作。这是一种抒发苦闷、宣泄愤怒、表现困惑的自由体诗歌，是一种开放型的诗歌，它通向现实生活的各个领域。这个革新的过程一直持到1928年。1929年，为了克服情感和创作上的危机，他前往美国，《诗人在纽约》就是在那里创作的。后来又去了古巴、阿根廷和乌拉圭。经过这次革新之后，他的诗歌的象征色彩更浓了。《诗集》中闪烁的点点光辉已经化作五彩斑斓的世界。遗憾的是，诗人在世时，对这时期的许多作品未来得及做系统整理。当然，可以肯定地说，《诗人在纽约》是他第二时期的最高成就。在创作这部诗集的时候，他不是"从外部诉说纽约"，也不是"描述一次旅行"，而是表述"情感的反应"。就是说，他所表达的是自己对那座大都市的理解而不是大都市本身。他不是用诗歌表现现实，而是对现实进行诗的转化；不是将它转化为非现实，而是将它转化为超现实。《死神舞》正是这样的作品。

从纽约回到西班牙之后的六年，洛尔卡将主要精力投入了戏剧创作，诗歌已不多产。主要诗集是《短歌》与《十四行诗》。这两本诗集以抒发个人的亲情为主，有较大的随意性，也有较强的情爱色彩。在此期间，诗人收拢了在纽约时张开的翅膀，重又回到传统的韵律上来，尽管没有摒弃自由诗的风格。或者可以说，这是前两个时期的概括和总结。

在加西亚·洛尔卡的诗歌中，人们可以觉察到三种截然不同的声音：死亡的声音、爱的声音和艺术的声音。译者所选的八首诗就充分体现了这三种声音，无非是每首诗的侧重点不同而已。尤其是《西班牙宪警谣》和《死神舞》是将艺术之声和抗议之声融为一体的典范之作。值得注意的是洛尔卡既不像现代主义诗人那样躲在象牙之塔里逃避现实，也不像某些承诺主义诗人那样违心地屈从于政治团体的需要。他不属于任何党派，但是他公开地申明："在这个世界上，我一向并将永远站在穷苦人一边，永远站在一无所有的人一边，站在连空洞无物的安宁都没有的人一边。"

就其作品的艺术性而言，洛尔卡有两个特点是非常突出的。其一是他坚持走自己的路，不为时髦的潮流所左右。洛尔卡生活在两次世界大战之间，那正是要与传统彻底决裂的先锋派文学盛行的时代。他对待先锋派的态度是既不盲目追求也不盲目排斥，而是将先锋派的精华注入丰富的传统文化的基因之中，将继承与创新结合起来。因而他的作品既有人民性又有神秘感,既便于传播又耐人寻味。这是他与本世纪其他作家们在美学立场上的不同之处。其二是他本人受到了极丰富的文化熏陶,他的作品具有极深厚的文化底蕴。许多人以为他天生具有诗人气质,因而像吉卜赛歌手一样,凭直觉写诗,这令他十分反感,当然也不符合事实。洛尔卡是西班牙文学史上最有文化修养的诗人之一。无论从形式上看还是从内容上看,洛尔卡的作品都是以深厚的文化底蕴为基础的。历史学家从他的作品中可以看到文化成分的转换,看到书面文化与口头文化的共生。洛尔卡虽然始终立足于现实,但有时却一跃而倒退许多年,从而使那些在人们心目中早已消失或沉睡的古老文化因素重新活跃起来。从这个意义上说,他将自己的诗歌深深地嵌入民族性之中,同时却又在摆脱民族性。因此,与同时代的诗人相比,他的诗歌更加神秘,却又更易于传播。

在我国,最早翻译加西亚·洛尔卡诗歌的是戴望舒先生。他译的《洛尔伽诗抄》在国内享有崇高的声誉和广泛的影响。1987年,我应邀去西班牙格拉纳达大学审校西文版《红楼梦》。当地的朋友们知道我译过《马丁·菲耶罗》《柔情》《拉丁美洲抒情诗选》等诗歌,便不止一次地问:"你为什么不翻译我们格拉纳达的诗人加西亚·洛尔卡?"问得我一时间不知如何回答,便搪塞说:"想译,但是没找到合适的版本。"没想到一位诗人朋友(哈维尔·埃赫亚)自告奋勇,为我选编了一本洛尔卡的诗集并亲自打字,而且还写了一篇虽然不长却很精彩的序言。他帮我选了两千余行诗,我大体在那里译完了初稿。1989年10月回国后,开始联系出版社。当时洛尔卡的作品还在版权期内(由于他是被佛朗哥政府杀害的,所以他的版权是八十年),于是我便给加西亚·洛尔卡基金会主席、诗人的妹妹伊莎贝尔女士写了一封信,我有幸在格拉纳达大学的维多利亚花园公寓结识了这位慈眉善目的长者。她欣然授权让我翻译并出版其兄长的作品。《血的婚礼》于1994年1月在人民文学出版社问世。除了诗歌之外,还包括三个剧本:《玛里亚娜·皮内达》《血的婚礼》和《叶尔玛》。

我在西班牙翻译洛尔卡的诗作时,并未见过戴望舒先生的译本。心想:译重了也没关系,读者可以做比较和参照。比如,在《海水谣》中,戴先生开头译作:在远方/大海笑盈盈。/浪是牙齿,/天是嘴唇。……我译的是:大海/微笑在远方。/唇是蓝天,/齿是波浪。

又如《梦游谣》开头的几行,戴先生译作:绿啊,我多么爱你这绿色。/绿的风,绿的树枝。/船在海上,/马在山中。……我译的是:绿色,我喜欢你呀绿色。/绿色的风。绿色的树枝。/船在海上行驶/马在山中奔驰。

戴先生译得很好,但是我认为经典可以有不同的译本,读者可以参照和比较。比如,对于我给"船在海上,/马在山中"加上"行驶"和"奔驰"四字,有人认为是画蛇添足,我倒是不以为然。因为诗的原文是:

Verde que te quiero verde.

Verde viento. Verdes ramas.

El barco sobre la mar

y el caballo en la montaña.

这是传统谣曲的格律,每行八个音节,第三行只有七个音节,因为是辅音结尾,计算时要加一个音节。而"船在海上,/马在山中",每行四个字即四个音节,只是原文的一半;此外,记得我在格拉纳达时看过一个电影短片,是对《梦游人谣》的诠释,画面上就是一艘船在海上行驶,一匹白马在山中狂奔。诗人用这两个意象表现的是人内心的冲动,我觉得,加上两个动词,或许更能体现诗人的本意。当然,这不过是我个人的理解,"诗无达诂",见仁见智,每个人有不同见解,这是很自然的事情。我相信,通过对不同版本的比较,取长补短,有助于提高我们的翻译水平。

艺术家十诫

一、爱美，因为美是上帝在人间的投影。

二、没有无神论的艺术。即使你不爱造物主，也无法否认你和他进行着相似的创造。

三、不要将美当作感官的饲料，而要使它成为灵魂的天然食物。

四、艺术不是你纵欲和虚荣的借口，而是神圣的事业。

五、不要到集市上去寻求美，也不要将美带到集市上去，因为美是贞洁少女，她不会在那里出现。

六、美将从你的心灵升华为你的歌唱，它首先会将你本人净化。

七、你的美又叫作同情，它使人的心灵得到安慰。

八、像孕育婴儿一样创造你的作品，要花费千日的心血。

九、美不是使你沉醉的鸦片，而是点燃你行动的慷慨的琼浆，因为如果你不再是男人或女人，也就不再是艺术家。

十、对一切创造都应该感到惭愧，因为它总是低于你的梦境。

夏日情歌

1920年8月

(维加·德·苏哈伊拉)

吉卜赛之星啊,
将你的樱唇给我!
在中午金色的阳光下
我将品尝那禁果。

一座摩尔人的塔楼
在山坡绿色的橄榄林中,
具有你村姑的肤色,
味道似蜜汁和黎明。

你在自己的身体上
将神圣的食物献给我,
它给风以星星
给平静的河床以花朵。

黑色之光啊,你怎样的献出了自己!

你为什么毫无保留地
向我献出爱的百合的花蒂
和两个乳房的窃窃私语?

可是由于我忧伤的表情?
(啊,我笨拙的举动!)
还是我的生命令你同情
因为它不会再有歌声?

在爱情中你为何喜欢我的呻吟
而不喜欢农夫圣克里托瓦的大腿?
(它们缓慢美妙而又热汗淋淋。)

森林女神啊,你对我
像快乐的达那伊得斯[1]一样。
你的吻的芳香
像夏天的小麦已经金黄。

你用歌声搅乱了我的目光。
你让自己的秀发
像整洁的披巾一样

---

[1] Danaides,希腊神话中埃及王达那俄斯的女儿,姐妹共五十人。除许珀耳涅斯特拉之外,其余四十九人均奉父命在新婚之夜将丈夫杀死。

散铺在洒满阴影的地上。

你用淌血的口
为我描绘一片爱的天空,
在肌体的背景上
描绘出紫色痛苦的星。

我安达鲁西亚的珀迦索斯
被囚禁在你睁开的眼睛,
当看到它们死去
会边思索边绝望地飞腾。

即使你不爱我,我也不改初衷,
我爱你忧郁的眼睛
宛似云雀,仅仅为了露水
而热爱黎明。

吉卜赛之星啊,
将你的樱唇给我!
让我在明媚的中午
品尝那禁果。

海水谣[1]

1920年

致埃米里奥·帕尔多斯

（云的狩猎者）

大海
微笑在远方。
唇是蓝天，
齿是波浪。

你在卖什么，啊，糊涂的姑娘
裸露着乳房？

"先生，我在卖
海水。"

你带着的是什么，啊，黝黑的小伙子，

---

[1] 记得戴望舒先生译过此诗，译得很好。但一时找不到戴先生的译文，只好不揣冒昧也译一下，供读者参考而已。（译者于西班牙格拉纳达大学，1996年12月6日）

掺着你的血浆?

"先生,我带着的是
海水。"

老娘,这咸咸的眼泪
来自何方?

"先生,我在哭泣,
将海水流淌。"

心啊,这严峻的苦涩
诞生自何方?

"苦涩的水
在海洋!"

大海
微笑在远方。
唇是蓝天,
齿是波浪。

(选自《诗集》)

告别

如果我的生命不复存在,
请你们把阳台打开。

(我从阳台能够看清)
吃甜橙的儿童。

(我从阳台能够感觉。)
耕夫在收割小麦。

如果我的生命不复存在,
请你们把阳台打开!

1921

(选自《歌集》)

三水谣[1]

致萨尔瓦多·金特罗[2]

瓜达吉维河

穿过橘树林和橄榄园。

格拉纳达的两条河

从雪山到麦田。

啊,爱情啊,

一去不复还!

瓜达吉维河

蓄着石榴般鲜红的长髯。

格拉纳达的两条河

一条泪汩汩,一条血斑斑。

啊,爱情啊,

---

[1] 诗人在将塞维里亚与格拉纳达的地理风貌进行对比。瓜达吉维河流经塞维利亚;达乌罗河与赫尼尔河流经格拉纳达。
[2] 加西亚·洛尔卡的朋友,也是诗人。

随风到天边!

塞维利亚的水路
可以行帆船,
格拉纳达的水面,
桨声是哀叹。

啊,爱情啊,
一去不复还。

瓜达吉维河,高高的塔楼,
风吹橘林间。
达乌罗与赫尼尔,小小的塔楼,
池塘是黄泉。

啊,爱情啊,
随风到天边!

谁说河水只带走叫喊
那愚蠢的火焰!

啊,爱情啊,
一去不复还!

安达卢西亚,将橘花和橄榄
带到你的海面。

啊,爱情啊,
随风到天边!

(选自《深歌》)

梦游人谣

致葛罗丽亚·吉内尔与费尔南多·德·洛斯里奥斯[1]

绿色,我喜欢你呀绿色。
绿色的风。绿色的树枝。
船在海上行驶,
马在山中奔驰。
她在栏杆旁入梦,
腰肢笼罩着阴影。
绿色的肌肤,绿色的头发,
凉丝丝白银般的眼睛。
绿色,我喜欢你呀绿色,
在吉卜赛人的月光下,
她看不到万物
而万物都在看她。

* * *

---

[1] 这一对夫妇是洛尔卡家的好友。他们的女儿拉乌拉是费德里科的朋友,后与其兄弗朗西斯科结婚。

绿色,我喜欢你呀绿色。
冰霜结成的硕大的星星
与那黑暗的鱼儿一起到来,
那鱼儿在将黎明的道路开通。
无花果用枝条的砂纸
磨砺着黎明的风,
而山头,那偷窃成性的公猫
竖起它尖利的龙舌兰的丝绳。
但是谁会到来?来自何方?……
她依然在栏杆旁,
绿色的肌肤,绿色的头发,
沉浸在苦涩海洋的梦乡。

* * *

"老兄,我愿用自己的马
换您的住房,我愿
换您的镜子,用我的马鞍,
我愿用自己的刀换您的绒毯。
老兄,我来自'山羊'码头[1],
浑身血迹斑斑。"
小伙子,如果我能做到,

---

1 该地区位于科尔多瓦与格拉纳达之间,在20世纪,是强盗出没的地方。

我们早就成交。
然而我已不再是我,
住房也不再是我的住房。
老兄,我只愿体面地
死在自己的床上。
如果可能,用荷兰麻布的床单
用钢材做的床。
您没见我的伤口
从喉咙直到胸腔?
在你洁白的衣襟上
三百朵黑色的玫瑰在开放,
在你的腰带周围,
鲜血在发腥,流淌。
然而我已不再是我,
住房也不再是我的住房。
请你们至少让我
爬到那高高的栏杆上,
让我上去,让我上到
那绿色的栏杆旁。
月亮的栏杆,
水在那里荡漾。

* * *

两位干兄弟

向高高的栏杆登攀。

留下泪痕点点,

留下血迹斑斑。

在瓦房的屋顶上,

铁的灯盏在摇晃。

千百个玻璃手鼓

在将黎明刺伤。

* * *

绿色,我喜欢你呀绿色。

绿色的风,绿色的树枝。

两位干兄弟登上了高高的栏杆。

长风将胆汁、薄荷

和芳草的怪味留在了嘴边。

老兄!告诉我,她在哪里?

你痛苦的女儿在哪里?

她等了你多少次!

要她等你多少次!

乌黑的头发,鲜艳的脸庞,

在这绿色的栏杆上!

* * *

吉卜赛姑娘

在水面上摇荡。

绿色的肌肤,绿色的头发,

眼睛里闪着凉丝丝的银光。

月亮的冰柱

将她撑在水上。

黑夜变得亲密,

像一座小小的广场。

醉醺醺的宪警们

敲得门儿乱响。

绿色,我喜欢你呀绿色。

绿色的风,绿色的树枝。

船在海上行驶。

马在山中奔驰。

西班牙宪警谣

致胡安·格雷罗（诗神总领事）[1]

黑色的马。

黑色的铁蹄。

斗篷上闪着

墨汁和蜡油的痕迹。

铅水铸成的头颅

从来不会哭泣。

他们从公路上降临，

带着漆黑的灵魂。

他们在夜间出动，驼背躬身。

哪里有活跃的气氛，

他们就到那里

布下细沙般的恐惧，

黑色橡胶的沉闷。

---

1 此人是穆尔西亚市"诗歌与散文"的出版者，洛尔卡在 1928 年 3 月的信中也如此称呼他。

他们想去哪里就去哪里，
头脑中藏着手枪的天体，
风云莫测，扑朔迷离。

※ ※ ※

啊，吉卜赛人的城市！
街头彩旗飘飘。
月亮和南瓜
还有罐装的樱桃。
啊，吉卜赛人的城市！
谁能不记在心头？
痛苦和麝香的城市
还有桂皮的塔楼。

※ ※ ※

当夜幕降临，
黑夜，黑夜沉沉，
吉卜赛人在炉中
锻造箭和太阳。
一匹受重伤的马
呼唤各家的门。

边境的雪利酒城[1],
玻璃的公鸡在啼鸣。
赤裸的风
在吓人的街头转身,
沉沉夜,沉沉黑夜
夜沉沉,黑夜沉沉。

* * *

圣母与圣何塞
丢失了他们的响板,
去问吉卜赛人
看能否找见。
圣母来的时候身穿
巧克力纸
做成的市长太太的衣衫,
脖子上戴着杏核串成的项链。
圣何塞的双臂
在丝绸的斗篷下动弹。
佩德罗·多梅克[2]跟着他们,
三位波斯国王紧随后边。

1　位于加的斯附近,以产雪利酒而闻名。
2　安达鲁西亚地区有名的牧场主。

半圆形的月亮,在梦想

白鹳的快乐陶然,

旗帜和灯盏

在屋顶上迷漫。

在许多镜子上面,

失去胯骨的舞女们

泣啼涟涟。

在雪利酒城,

黑暗与水,水与黑暗。

* * *

啊,吉卜赛人的城市!

街头彩旗飘扬。

"功臣"[1]们来了

快熄灭你绿色的灯光。

啊,吉卜赛人的城市!

见了你谁会遗忘?

你们将她撒在大海的远方。

没有镜子怎梳妆。

---

1 人们送给宪警的"雅号"。

*　*　*

奔向狂欢的城市,
他们排成两行。
在蜡菊丛中
子弹盒窸窣作响。
他们分两路前进,
夜色双倍地漆黑,
用天空安放马刺,
他们为所欲为。

无所畏惧的城市,
打开所有的门廊。
四十名宪警
一齐往里闯。
时钟停止了走动,
白兰地的酒瓶
为了不引起怀疑
装成了十一月的面容。
一片嘈杂的喊声
在风标上飞行。
马刀劈着清风,
铁蹄也将它欺凌。

街上一片漆黑,
老妇们四处逃命。
熟睡的马牵在手里,
钱罐抱在怀中。
沿着街道的陡坡
漆黑的斗篷在猛冲,
身后留下了
剪刀飞快的旋风。

吉卜赛人集中
在伯利恒[1]的门廊。
圣何塞鲜血淋漓
在装裹一位姑娘。
顽固、刺耳的枪声
将整个黑夜震荡。
圣母用星星的唾液
为孩子治伤。
然而宪警的队伍
边走边把火放,
青春和天真的想象
通通在那里烧光。

---

1 耶稣诞生的地方。

坎波里奥家的罗莎
呻吟着坐在门旁，
被割下的乳房
放在托盘上。
其他的姑娘在奔跑，
辫子在身后摇荡，
黑色火药的玫瑰
在空气中怒放。
当所有的屋顶
变成地上的田垄，
在岩石长长的侧影中
升起晃着肩膀的黎明。

* * *

啊，吉卜赛人的城市！
当烈火在你的身旁燃烧，
宪警们越走越远，
沿着寂静的地道。

啊，吉卜赛人的城市！
见了你谁会忘记，
让人们在我的前额上寻找你。

月亮与黄沙的游戏。

(选自《吉卜赛谣曲集》)

死神舞

鬼脸船标！请看那鬼脸船标
如何从非洲来到纽约！

胡椒树和小小的磷光纽扣
已经走远。
肌肤撕裂的骆驼和天鹅
用嘴撑起的光的山谷不再回还。

那是干枯事物的时刻。
它属于眼中的谷穗和轧扁的猫，
属于大桥的铁锈
和软木塞最后的寂寥。

这是死兽的大聚会，
它们都被光的剑刺穿。
这是长着灰烬蹄子的河马
和喉咙里含着蜡菊的羚羊永恒的狂欢。

在没有波浪的枯萎的孤独中
干瘪的船标在舞蹈。
世界的半边是沙地。
另外的半边是水星,还有太阳在安息,

鬼脸船标!请看那鬼脸船标!
纽约的沙滩、鳄鱼和恐惧!

石灰的夹道束缚着空荡荡的天,
死者的声音在那里的棕榈树下回旋。
一个纯洁明净的天空,用它无形的山峦,
那尖尖的百合以及汗毛表明自己的特点。

让歌声最脆弱的细茎告终,
它走向包装起来的汁液的洪峰,
经过最后的形象的休息,
用尾巴举着破成碎片的明镜。

当中国人在屋顶上哭泣,
找不到他女人的裸体,
当银行行长观察着压力表,
它正测量着沉默,残酷的钱币

恰在此时到达华尔街那船头的鬼脸船标。

古银币长着黄色的双眼,
对舞蹈并不觉得稀罕。
从狮身女妖到财源茂盛的银库,
一条绷紧的线将所有穷苦孩子的心刺穿。
原始的激情和机器的激情一起跳舞,
愚昧者沉浸在光怪陆离的狂欢。
如果车轮忘记了自己的形状,
便会和马群一起赤裸裸地歌唱,
如果冰冷的计划被火焰点燃,
天空定会逃离窗前的混乱。

此地对舞蹈并不稀罕。我这样讲。
另一个鬼脸船标将在山洞上跳舞,
那里充满过时的床。
鬼脸船标只有母鸡的最简单的词汇,
野蛮的美国横卧在冰雪的边境上!
鬼脸船标!请看那鬼脸船标!
纽约污泥和萤火虫的波浪!

* * *

我在窗户上与月亮搏击,
杂乱无章的窗户使夜的大腿满目疮痍,
天上温顺的奶牛在我的眼睛上畅饮,
划着长桨的微风敲打着
百老汇沾满灰尘的玻璃。

为了伪装成一个苹果的死去的种子,
血滴在将星球的胚芽寻觅。
平原的空气,在牧民的推动下
像失去外壳的软体动物一样战栗。

然而跳舞的并不是死去的人,
我对此完全相信。
死者们醉意沉沉,
将自己的双手生吞。
跳舞的是其余的人,
用鬼脸船标和六弦琴。
他们是另外的人,
是银的醉汉、儿童、寒冷的猫,
他们在大腿与冷酷火焰的交点上睡觉,
他们在层层台阶的景色中将蚯蚓寻找,
或者在街头巷尾将黎明的小小金字塔咀嚼。

但愿教皇不舞蹈!

不,但愿教皇不舞蹈!

国王也舞蹈!

蓝色牙齿的百万富翁,

教堂里毫无表情的舞女,

建筑工们、绿宝石、疯子、鸡奸者都不舞蹈。

只有这鬼脸船标。

古老的红色的鬼脸船标。

只有这鬼脸船标。

眼镜蛇将在最后的几层发出哨响。

荨麻将会使院落和阳台振荡。

交易所将是青苔的金字塔。

藤蔓将跟着步枪到来,

很快,很快,很快。

啊,华尔街!

鬼脸船标!请看那鬼脸船标!

它在喷吐树林的毒液,

沿着纽约不完美的烦恼!

1929 年 12 月

(选自《诗人在纽约》)

诗人请求情侣给他写信

心灵之爱啊，活着的死神：
我徒劳地恭候你的回音，
看着凋零的花朵我在考虑，
要失去你先要失去自身。

空气不会死亡。岩石没有感情，
既不认识阴影也不追求光明。
内在的心灵啊，不需要月亮
将它那冰冷的蜜汁倾泻在其中。

我在撕裂血管，为你而悲伤，
老虎和鸽子在你的腰肢上——
利齿与芳香在进行殊死的较量。

请让我的疯狂充满语言，
或者让我生活在夜的寂静，
让黑暗永远笼罩我的心灵。

甜蜜的怨言

我怕失去你
雕像一般美妙的眼神
和你内心孤独的玫瑰
在我的面颊上呼出的诗韵。

作为岸边没有枝条的树干,
我感到心酸;对蠕虫
失去花朵、汁液或黏土的苦难,
我尤其感到遗憾。

如果你是我珍藏的宝贝,
如果你是我的十字架和痛苦的深渊,
如果我是你麾下的犬,

请不要让我失去已经赢得的东西,
请用我迷人秋天的叶片
将你河中的流水装点。

(选自《十四行诗》)

第七章 宝石与燧石

导读

何塞·马里亚·阿格达斯（1911—1969）出生在秘鲁山区，那里的大部分居民讲克丘亚语。父亲是库斯科的一位律师，母亲在他三岁时就去世了。由于无法忍受继母的虐待，他逃到印第安人部落，在那里生活了二十年。他不仅熟悉印第安人的生活，会讲他们的语言，而且了解他们的伦理道德以及为人处世的态度。1931年入利马圣马可大学，第二年开始在邮局工作。1937年因抗议佛朗哥对共和国的法西斯暴行被捕，被判八个月监禁。1939年到库斯科的一个小镇做西班牙语教师。1940年第一次出国，赴墨西哥出席土著主义者大会。1946年重返大学，1947年毕业于秘鲁文化博物馆民族学研究所，后曾任该所所长（1953）。1963年在圣马可大学人文学系获博士学位并先后在该校和农业大学任教授，还曾任利马"文化之家"主席和国家历史博物馆馆长。

阿格达斯于二十世纪三十年代开始写作。运用两种语言虽然是他的优势，但他注定无法用克丘亚语写作，因为操这种语言的印第安人多是文盲，更何况无人肯出版克丘亚语著作。但这得天独厚的优势却使他的语言具有鲜明的特征,在西班牙语中镶嵌着克丘亚语词汇,加上作品中所反映的印第安人的现实生活与文化传统,因此有人认为:印第安人真正进入秘鲁文学是从阿格达斯开始的。

阿格达斯的文学创作主要有短篇小说《水》(1933)、《宝石与燧石》(1954)、《爱情世界和全部短篇小说》,长篇小说《深沉的河流》(1958)、《第六个》(1961)、《全部的血》(1967)和未竟之作《山上的狐狸和山下的狐狸》(1971)。1969 年 11 月 28 日,阿格达斯由于对秘鲁的社会变化和印第安人村社的瓦解感到绝望,在久病不愈后,自杀身亡。

阿格达斯对秘鲁的社会现实和民族矛盾有深刻的认识,善于捕捉印第安人的心理活动,因而他笔下的人物更具有普遍性和典型性。他能将克丘亚语融入西班牙语,能将印第安人的民间文学与欧美现代文学技巧结合起来,从而使自己的作品既有乡土气息又不乏现代意识,对拉丁美洲土著主义文学做出了巨大贡献。

《宝石与燧石》据 1975 年布宜诺斯艾利斯版单行本译出,于 1988

年3月在湖南人民出版社出版，收在《球星在情网中死去》的集子中。后来译者发现有人根据小说内容，将标题译为《呆乐师》。笔者认为，还是直译为《宝石与燧石》好些，可以给读者留下更大的想象空间。书中说："……秘鲁深深的富有音乐感的河流都从那里通过阿布里马克雪峰；古老湍急的河流像钢刀一样，在安第斯山最高的部分将其切开，分成宝石与燧石，形成了深涧，银带似的河流，从绝壁上的丛林中流过，站在陡峭的岸上一望，令人浑身颤抖，头晕目眩。……"在作者心目中，这或许是秘鲁社会分裂的象征，贫富两个阶层像"宝石与燧石"一样泾渭分明，至于孰清孰浑，孰优孰劣，谁个聪明，谁个愚蠢，哪个高贵，哪个卑贱，公道自在人心。再说，小说的主人公马里亚诺，虽被人称作"乌巴"(痴呆)，其实他一点也不傻。当然，这也是笔者一家之言，谨供读者和业内同仁参考。

宝石与燧石

[秘鲁]何塞·马里亚·阿格达斯

一

他在村里客居,快满三年了。大家都知道他是外乡人。

他,小眼睛,窄前额,高颧骨;五短身材却很壮实。腰带扎得紧紧的,上面绣着鸭子和公牛图案。

只有他这样装束。卖水果的印第安人有时会从遥远的家乡给他捎来一条引人注目的新腰带,那是姐妹们送他的纪念物。在这织物的红色或蓝色的底子上,有公牛、鸭子或骏马组成的图案栩栩如生。

印第安人和梅斯蒂索人[1]停下脚步,欣赏马里亚诺的腰带。他们仔细打量着,女人们简直着了迷。

村里的乡绅,那些大人先生们,冷笑着。

马里亚诺对褒贬一概不露声色。当人们欣赏或端详他那光彩夺

---

[1] 梅斯蒂索人是欧洲人和印第安人的混血儿。

目的服饰时,他保持缄默和平静。

*

马里亚诺会弹竖琴,是裁缝的助手,养着一只被他称作"聪明小伙儿"的红隼。

裁缝铺占据着一座无人居住的高大房屋唯一的门面,马里亚诺在那里看守店铺。

房主是邻乡一位十分显贵的妇人。据说那个乡的大部分土地和印第安人都属于她。她去省城时,总是由她的独生子和几个被她称作"侍从"的人陪同,从小镇经过。在他们到达街角之前,马里亚诺一听到杂沓的马蹄声,就知道是主人来了。他连忙把手中的活计扔到一旁,跑到院子里去开门。女主人待在镇上的时候,马里亚诺从不在作坊里露面。

房东太太的儿子是大高个儿,两道眉毛连在一起,显得心情烦躁。他和母亲一来就搅得四邻不安。他总是请朋友们喝烈性酒,一醉方休。这被大家传为笑柄,视作丑闻。他放声大笑,老远就能听见。村民们将这当作笑料。那些"海量先生"的丑态要持续好几天。人们对他们酗酒的细节肆意渲染:

"听说堂阿帕里休叫好几位先生在地上爬,还骑过好几位呢。"

"听说他叫堂埃斯特万爬上柜台演讲……"

"听说堂阿帕里休像调皮蛋一样哈哈大笑,震得广场嗡嗡直响。"

"多开心呀!上千个印第安人给他干活。"

马里亚诺在街上等着东家,夜里陪他回到那座豪宅。他跟在后面,堂阿帕里休一声不吭。

有几个那样的夜晚,堂阿帕里休让马里亚诺把竖琴带到家中的大客厅。他舒舒服服地坐在安乐椅上,对裁缝说:"弹一曲《田野上的小鸽子》吧。"

马里亚诺坐在门口的小凳上,弹奏主人点的《瓦伊诺》和《特里斯特》[1]等曲调。

"现在弹《忘恩负义的柳树》……《埃尔奇瓦科》……《艾尔杜吉托》……现在唱我家乡的狂欢节!兰伯拉的狂欢节!"

马里亚诺的嗓音浑厚低沉,像一只善于歌唱的青蛙,因为在那个村子的田野里,在潮湿荒芜的草丛中,青蛙的歌声悠扬甜润,在夏天深邃的星空下或漆黑的夜色里回响。

"堂马里亚诺,我只不打扰你一个人,因为你唱得好,还有你的琴也弹得好。"兰伯拉大腹便便的先生对他说,借着多枝烛台上唯一点着的蜡烛的光芒在客厅里踱来踱去。

"堂马里亚诺,你说为什么,我的女人们都不让我安静?喝,无论甘蔗烧还是香槟酒,就是要变本加厉。睡去吧!不过你还得在院子里给我弹一曲家乡的《瓦伊诺》。"

马里亚诺用力弹着内地果园的《瓦伊诺》,这是最偏远的深山区的乐曲。那里的苹果树、梨树和桃树在深深的山沟里生长,开花,结果。花开时节简直像花园一样。到时候,果树会结出晶莹美丽、光彩

---

1 《瓦伊诺》和《特里斯特》是印第安人民间乐曲的曲名。

夺目的果实。

马里亚诺用力弹着欢快的《瓦伊诺》。琴师用一只手在金属琴弦的高音部位反复弹出欢乐的曲调，用另一只手在竖琴的上部弹着低音。

"堂马里亚诺，只许你为我，为我的灵魂演奏……"主人说着，一步步走上台阶，向自己的寝室走去。

"乌巴"在堂阿帕里休面前，一声不吭，几乎连看都不看他一眼。年轻的主子总是自言自语并点着曲子。

"为什么？他为什么不虐待马里亚诺呢？又为什么不把马里亚诺带到自己举办的舞会上为他的情妇们去演奏呢？"镇上的人们疑惑不解。

堂阿帕里休对裁缝的敬重激起人们的好奇，也使得卑贱的"乌巴"——马里亚诺得以保持自己的习俗。

*

印第安人管呆傻或半呆傻的人叫"乌巴"。琴师马里亚诺确实有点"乌巴"的劲头：观看街区的节日活动，欣赏印第安人和梅斯蒂索人的大型舞会、丰盛宴席或歌舞时，总是远远地站在一边。有时，在婚礼上，妇人们给他拿去一盘菜豆饭和一碗可口的肉汤，他却不要，尽管人家要走很长一段路才到他跟前，而且她们的衣着是那么漂亮，长长的、毛茸茸的披巾搭在肩上。

"马里亚诺叔叔，"她们用克丘亚语对他说，"请尝一尝我们的甜食吧！我们都给你拿到这里来了，怪难为情的。"

她们把盘子藏在披巾下面，走了半条街。

马里亚诺用他那双充满恐惧和惊奇的灰色的小眼睛望着她们。他的嘴唇有点发抖，什么话也说不出来。他似乎想逃走。他都快跪在地上了，躬身站在女人们面前，用低沉而又温柔的声音说：

"不，姑娘们！姑奶奶们！不，太太们！好心的人们！"

女人们不肯罢休，马里亚诺的声音饱含着凄凉的柔情擦过她们的耳边。

"可这是为什么呢？为什么呢？"

她们议论着，抱怨着，回去了。

马里亚诺站在那里，靠在反射着灼热阳光的石灰墙上。他看到了印第安人怎样围成大的圆圈跳舞，看到了琴师们在那高大房屋的拐角处弹着竖琴。有了他们才有舞会，男男女女才能如此欢乐地载歌载舞！傍晚，马里亚诺走进了人们跳舞的院落，他也轻轻随着乐曲的节拍晃动着身躯。

天一黑，"乌巴"就匆匆而去。从大门里的小门儿进去，穿过那高大房屋，走向自己的房间。这是放鞍具的地方。那里有一些空空的家什，四周放了几个石头门墩。堂马里亚诺点着了小油灯。他通常用这盏点脂肪的小灯碗儿照明。他调好琴弦，不弹刚刚听过的歌舞曲，弹自己的乡音。他俯下身子，前额都贴在长长的弓形琴架上了。街上的寥寥几行行人，驻足聆听竖琴手的演奏。无人敲门，谁也不打扰他，也不从外面叫他。

"可能是圣卡夫列尔，可能是那大天使在演奏！不会是'乌巴'！

"马里亚诺是傻子!"印第安人用克丘亚语评论着。

"这是外地的民歌。"那些高贵的村民断言。

要是哪位喝醉了的印第安人或梅斯蒂索人听见了,便走到门前,坐在人行道上,用膝盖撑着头,侧耳静听。

有时马里亚诺也感到有人停在门口。

"是他的灵魂在演奏,"一天晚上,一个生活放荡的梅斯蒂索人说,他是个专门勾引有夫之妇的老吉他琴手,"纯粹是他的灵魂!看他能不能让我的灵魂干净些,我就是喜欢女人。唉,真该死……"

黑暗中,他仰卧在马里亚诺的门旁。

内地果园的音乐与这寒冷的大村镇的音乐迥然不同。这里地势开阔,和白云缭绕的高山相距甚远。而马里亚诺是在一条小河岸边,在一座平缓的山峰下面成长起来的,那里树木矮小,野草在一月开花,到六月便因酷热和干旱而枯死了。树木也开小花。只有桑柯(巨大的仙人掌)和矮矮的索柯会在清晨突然开出硕大的鲜花,前者洁白,后者嫣红;二者都光彩照人,灿烂生辉。要想把一朵桑柯花拿到手,需用弹弓把它打下来,要么就把多刺的花茎弄断,这时花茎会落泪的。索柯则不同,它悬挂在绝壁上,花儿在可望而不可即的陡峭的溪岸的上空像火苗似的飘着。"啊!索柯花,要能摘到它多好啊!"孩子们高声叫着。

马里亚诺弹着琴,回忆自己的山沟儿,自己的家乡。太阳从那里落下,把石头烤得滚烫,透过灰尘,使鲜花、河中雏鸭的羽毛以及小鱼儿像绣花针一样,在静静的水中游玩。

"可谁能伴着马里亚诺的琴声跳舞呢?'乌巴'弹得与众不同啊。"

听众这样说着。

*

除非在兰伯拉的主子家里,堂马里亚诺在任何地方都不肯演奏,连教堂也不例外。

"不,老兄!"当人们想拉他去为一个印第安人或梅斯蒂索人的节日演奏时,他这样婉言谢绝。

"谁要是带头硬拉堂马里亚诺到别人家里去演奏,我就踢死他!"堂阿帕里休在许多场合这样斩钉截铁地说过,"我踢死他!这里有二十多位竖琴手,谁也用不着堂马里亚诺。"

令人奇怪的是一位如此有权有势、趾高气扬的青年,竟然称"乌巴"为"堂"[1]。这称呼可能比他为了保护竖琴手而发出的威胁更有用。

没有任何人走路的姿势比马里亚诺更谦恭,也没有任何人在城内主要街道上出现的次数更稀少。当他从街上走过时,他仿佛谁也不是。年轻的主子在酒馆喝酒时,他就老老实实待在柱子的阴影里。堂阿帕里休走出来去另一家酒馆或回家时,"乌巴"就跟在后面,走在街道中间。年轻人要到一个情妇家里过夜,也得叫他陪自己走过一两个街口才与他告别。"明天见,堂马里亚诺。"阿帕里休用克丘亚语对他说,马里亚诺便独自回主人家。没有任何梅斯蒂索人或有身份的先生敢在大街上像对待小区里的印第安人那样,打他耳光或大声侮辱他。

---

1 "堂"在西班牙语里是对男人的尊称,如同"先生"之意。

二

堂马里亚诺为何离开了村庄，又是如何到达省城的呢？他为什么偏偏喜欢做一个像永不开花的岩石一样的外乡人，居住在这个分成这么多区的庞大而又寒冷的城市呢？这里同内地小小的水果之乡的生活，真有天壤之别！那里很穷，耕地稀少，桃子、苹果和梨，六分钱一斤，一般的仙人果两角钱一斤，黄色的三角一斤，没有别的交易。天高皇帝远，村社社员们依旧按照他们古老的习俗生活着。那里实际上没有贪婪的恶霸地主；生活节奏缓慢，平淡无奇；为数不多的节日是一成不变的，人们一年到头都在筹备这些活动。那些活动一般要持续两三天。在那些盛大节日里，人们跳舞、唱歌并摆上丰盛的筵席；男男女女都穿上节日盛装，女人们打扮得花枝招展，孩子们看着歌舞，在果园里嬉戏玩耍，有时也大声号哭，因为在晚会进行时，他们在漆黑的夜里迷失了方向。

马里亚诺是家里的第五个，也是最后一个孩子，八岁开始学习弹竖琴。父亲和祖父都是竖琴手。父母及哥哥、姐姐很早就发现马里亚诺有点"呆傻"。他的肌肉反应迟钝，长得像个聋哑孩子，总是睡不醒的样子。可他懂事而且会讲话！他们从不让他干那些需要灵巧、机智或动脑筋的活儿。叫他到果园里去赶鸟，种地时牵牲口或陪姐姐们到县城去买东西。大哥，也就是家里的长子，有点看不起他，并为他感到难堪。大哥名叫安托林，高个子，薄嘴唇，鹰钩鼻，闪亮的颧骨非常突出，会弹十二弦琴，是个赶脚的商贩。他将村社享有盛名的水果运到最远的村落，在那里桃子和苹果能卖到最高的价钱。大部分村民都将卖水果的事托付给他。人们将水果装好，让歇了半年的健壮的驴子驮上，交给他。

安托林起程时，全村人都到村口一块长满了灌木和杂草的巨大的岩石旁来送行。马里亚诺看着大哥远去，就像看着一位充满神奇力量的巨人一样。美丽的少女们，最贪心而又最漂亮的姑娘们，用鲜花打扮安托林，向他献上瓦尔科，那是一条系满了鲜花和水果的带子，像总统绶带似的。大家都和安托林拥抱，但不太用力，然后把手放到他肩上。尔后他就动身了。马里亚诺待在那块巨石的阴影里，孤零零的，听着送别的合唱——卡恰尔帕里，因为是"乌巴"，没人愿意站在他旁边。女人们用披肩遮住半边脸，围成一个圆圈，唱着送行的哈拉维。男人和孩子们，老太太们，都待在那里，默不作声。

安托林沿山坡远去，女人们注视着他，跟随着他，用歌声打动着他。用尖利的嗓音唱出来的缓慢的长长的哈拉维响彻四方，连西沉的太阳也流连忘返了；安托林跟在牲口后面，大步流星朝山下走去。马里亚诺望着他，兄长的形象在他心中翻腾。他看到哈拉维使世间的一切都停滞了，只有强健快活的安托林还活着，在那深深的山口里行走，雀跃。傍晚，在鸟语声中，饱含离情别绪的太阳消失了，全体印第安人都回到村里，先是到广场，然后就到安托林家的茅屋里跳起舞来。

"乌巴"马里亚诺孤零零地落在人群后面，因为他是全村唯一的"乌巴"。

"我也要弹竖琴。"当庆祝活动转移到他家时,他向父亲请求。

父亲终于把竖琴给了他。他弹着琴,就像一个害羞的外乡人,低低地埋下头,前额贴在竖琴的弓背上。

"由于他白天是在小鸟的歌声中度过的,所以他弹得这么甜。"老人们和女人们都这样说。

村口那巨大的岩石——送行台——以及五颜六色的鲜花闪耀在马里亚诺心中。他在那块岩石顶上吆喝着,弹弓打得嗖嗖响。鸟儿飞着,炫耀着五彩缤纷的羽毛。他高兴得手舞足蹈。

"啊,百灵鸟,你就这么快地飞吧!"他叫着。

带着这些回忆,他的头埋得更深了。几乎把下巴贴到胸脯上了,竖琴发出时而温柔甜蜜时而铿锵有力的声音。女人们用仰慕而又可怜的目光望着他。男人们跳着舞,根本没想到弹琴的人是个"乌巴"。

*

父亲死后,安托林决定把"乌巴"打发到省城里去。两个姐姐和姐夫赞同赶脚人的决定。安托林恐吓他们。他提醒他们说,"乌巴"都是淫荡而又奸诈的。

"有他,我可不敢娶老婆,"他说,"他是个汉子了。到了夜里,可管不住那鬼东西。"

那时候,马里亚诺一心一意地饲养着他那"聪明小伙儿",那猛禽机灵地看着他。乐师容光焕发的幸福的脸庞映在它深沉的眼中。马里亚诺弹一首狂欢节的武士舞曲,然后大踏步跳起舞来,两眼盯着红隼锋利的鼻子。

"他们成了朋友！彼此心领神会！他们俩的灵魂是一个，肯定！"看到在那快乐的时刻，马里亚诺和红隼互相目不转睛地望着，安托林叫了起来，"'乌巴'的心跳像猎隼一样；他的内心很活跃，灵魂里可能有鬼火，有地狱。滚吧！我要从高山上把他赶走。"

在干燥而又冰冷的季节，安托林逼着弟弟在天亮之前动身，到那陌生、辽阔而又遥远的城镇去，那里居住着"主宰一切"的人们。

"竖琴手在那里是深受欢迎、高居人上的，"安托林对弟弟说，"一次节日所挣的钱比两个果园的收成加起来还多。村长们都得向你乞求，管家们都得向你哭诉，有钱有势的人也不例外。官府、老板，都会像对待朋友那样，管你叫美男子。马里亚诺，你的生活将是了不起的！从那遥远的地方，你还可以照顾自己的家庭。把你的红隼也带去！死去的爹爹肯定猜到了你的远行，才为你买了这只鸟。它和你一样了不起！无论在哪里的天空，它都会使老鹰甘拜下风的……"

他慢慢地吹捧着"乌巴"，说得天花乱坠，促使"乌巴"下定决心。晨星闪着微弱的寒光宣告黎明的到来，他便叫醒弟弟。

快要出庭院了，在迈门槛时，马里亚诺迟疑了一下，他想反悔。

"快走！快走吧！"安托林一面叫，一面催他。

红隼在竖琴弓背上扑扇着翅膀。马里亚诺闭上眼睛，紧紧地闭了一会儿，就上路了。

他们一起上了山。

夜晚，他们沿着村落周围的果园和山坡赶路。天亮时，他们离最后一条山谷已经很近了。

兄弟俩在山顶坐下来休息。安托林用克丘亚语祈祷,并用一点甘蔗烧酒祭了山谷和从近处雪山脚下扩展开来的令人生畏的潘帕草原。

这是秘鲁最平坦也是最高的台地,湖泊星罗棋布。从山顶上,安托林能像在地图上一样,指出所有通过大草原的途径。

"从这里走?到哪里去?"看到瑟瑟凉风从模糊不清的田边吹来,"乌巴"叫了起来。

"纯粹是风,像水一样!好像很远,纯粹是风,不远!这猎隼知道。"安托林扯开嗓门对他说,"我就在这儿看着你。你要是回来,我就用这圣山的石头砸碎你的脑壳。好了!快!"

"乌巴"开始下山,向潘帕草原走去。

安托林看着弟弟走了几小时。浮云时聚时散,飘忽不定的阴影在金色的草原上绘出奇形怪状的斑痕。红隼紧紧抓住竖琴的弓背,马里亚诺快步疾行。他背着竖琴;琴弓的一端伸到头的上方,猛禽就落在那儿。他俩都盯着茫茫天际,什么也不想了。深奥莫测的眼里只有一种表情:战胜漫长的征途,穿过那沉浸在寂静中又不时被鸭群惊动的奇异世界。晶莹的雪花在湖面上也在游子心中闪烁着银光。

看不到弟弟的身影了,赶脚人安托林又在山顶上洒了一点烧酒,才下山回村。

*

在穿越高原的过程中,竖琴手逐渐恢复了勇气,虽然传说那里有喷火恶魔。既然寂静没有把他吞没,既然他的心脏还在跳动,既然那毛发倒竖的公牛和羽毛翻卷的怪蛇没有从湖中跳上来,用吼声吓得他发疯并把他拖走,那么他就能战胜天下所有的魔鬼。想到此,他大步流星地赶路。

"老弟!"马里亚诺对他的红隼说,"冤家在哪里?你的对手在哪里?在卡亚卡塔这里,你是主人,我也是主人。"

从一座不高的山顶上,他观察那庞大的村镇,那分为六个区的城郭,有六座印第安人的小教堂和一座长长的用白色石块建造的大庙,屋顶是用锌矿石盖的。辽阔的地面上布满房屋,和家乡真有天壤之别,在家乡那小小的山村,只有被果园和庄稼隔开的茅舍,然而这并未使他感到惊奇。演兵场给他留下深刻的印象。那是一片开阔的空场,纵横交叉的路上铺着瓷砖,达官贵人的寓所,两层的楼房,有两个院落和两个畜栏,周围是高高的院墙。

一个虽然模糊却已坚定的信念激励着"乌巴":"永不回村了!"下面:红色山梁和山坡上那些迷宫似的房舍将是他的栖身之所,他将在那里生活。

"我是竖琴乐师!我是勇敢的主人!哈,娘的!"

他一边高声为自己壮胆,一边走下最后一道山坡。

但是"乌巴"干什么去呢?镇上有二十多位有名的竖琴手在省城和周围各村的节日活动中抢生意,他还干什么去呢?那些乐师又是曲作者,这些乐曲在各地的五百多个村镇流传。六月二十三日晚上,那些竖琴手就纷纷沿着小溪的河床下山了。小溪汇成激流注入大河,再汇入奔向大海的主河道。在那里,在落到黑色岩石上而分成湍急支流的大瀑布下面,竖琴手们洗耳恭听。只有在那一天夜里,当水落到岩石上银光闪闪地流动时,才能创作出新的曲调!每个竖琴手都有自己秘密的瀑布。他们有的趴在地上,藏在随风飘舞的芦花丛中;有的吊在胡椒树上,脚下是水流湍急并发出呜咽的深涧。次日,以及在全年的节日中,每位竖琴手都会演奏出前所未有的新曲,流水把崭新的乐章注入了他们的心灵。

那么,在那些乐师中间,"乌巴"马里亚诺能做什么呢?

*

当他到达镇上时,快中午了。他从阿尔卡马莱区上方进城。区里唯一笔直的大街与波隆戈内希大街相连,绅士们就住在那里,住在城镇中心。那时,阿尔卡马莱空荡荡的,只有几个印第安妇女看见了马里亚诺走过并注视着他,直到他在大街上消失。她们能清楚地辨认出那只落在竖琴顶上的红隼。马里亚诺很像那些从遥远地区来的虔诚的印第安人,他们到城里来是为了在最古老的恰尔瓦区的圣像前祈祷。

马里亚诺进了富人区,在堂阿帕里休家的对面,停在一个阴凉的地方。年轻的阿帕里休从兰伯拉来,有两个侍从跟着。他看了乐师一眼,后者的相貌令他吃惊。马里亚诺打量着那雕梁画栋的阳台。

"你是谁?"年轻人用洪亮的声音问道。

竖琴手转向年轻人,眼睛在眨动。

"是我,老板。"他赶忙回答,"我,弹竖琴的!"

红隼扑扇着翅膀。

"它不凶,老板。老实,又漂亮!"

他让那猛禽跳到自己手上,微笑着给对方看。他的心已平静下来。堂阿帕里休将信将疑地看着他。

"进来吧!我需要个看家的。"

他等着外乡的印第安人进来。到了大走廊里,他才走到竖琴手身边。马里亚诺依然叫那猛禽落在自己的食指上。

"他不会是个巫师吧?"那地主这样想。

他的体形很奇特:脊背圆圆的,像驼背一样;两条腿细细的;几乎长了胡子……

"弹一曲!"他吩咐道。

那时马里亚诺的小眼睛发亮了。堂阿帕里休接受了那目光,感到灵魂中响起一声深沉的呼唤,就像在童年的节日里沐浴的第一缕光线一样。

红隼落到竖琴高高的弓背上,马里亚诺演奏了一支庆丰收的《万卡舞曲》。侍从们凑到主人身旁,竖琴手的周围聚集了一小圈观众。

"乌巴"又演奏了一首《凯旋曲》,是内地村社社员们将一捆捆小麦或玉米从田里运往打谷场时唱的。这是类似《瓦伊诺》的一种伴奏曲,具有欢乐和祈求的韵味。用这支男声演唱的曲调,这印第安人打动了大地的心灵。在他的琴声里,"乌巴"将这乐曲和情歌的旋律糅合在一起了。

堂阿帕里休撇开了听众,慢慢向楼梯走去。他边走边说:

"先生,你以后就专门为我演奏!你叫什么名字?"

"马里亚诺。"

"你就留在这里。把他带到鞍具房去。那儿就是他的家。厨房也让他使用。给他最好的皮褥子、毛毯。每月付给他二十索尔[1]。给他玉米、土豆和红薯!叫人给他做印第安人的服装,要好的……"

堂阿帕里休在台阶上继续说着。马里亚诺站在那儿,探着头,倾听并注视着他。通过他的表情和姿势,兰伯拉来的侍从们已经明白,那乐师是个半"乌巴",是沐浴过神光的奇人。

三

在"乌巴"马里亚诺到此三年之后,镇上来了一位苗条、短发的金发女郎。母亲陪伴着她。她们住进镇上唯一一家旅店。旅店占据着镇上一座最古老的房屋。那里有一个长满了青草的宽敞的院落,青蛙和无数蟋蟀在那里唱歌,投诉的游客却寥寥无几。一些买卖房产的经纪人,新上任的公职人员和教师,旅途中的军人以及少数游客都沿着这条路线深入亚马孙河流域,因为安第斯山中部在这个地区的通道没有其他山口那么寒冷和险峻。

金发姑娘的到来和下榻搅得省城及其周围村镇的年轻人神魂不定。她容貌美丽,又打扮得花枝招展;她来自沿海地区,出生在重要的上等城市。她并非出身名门,却穿着入时,打扮得和利马的小姐们

---

[1] 索尔是秘鲁的货币单位。

一模一样。披散着的金发很短，本地姑娘们是不敢梳这种发式的；走起路来有着海滨城市的漂亮姑娘们特有的风韵。

在见到金发女郎的当天，堂阿帕里休就买下了镇上一座最新的房子。

几乎镇上所有的小姐们都感到悲伤和不安。对于刚刚到来的姑娘，太太们唇枪舌剑，进行淫秽狠毒的揣测。

堂阿帕里休将新买的房屋的卧室、饭堂、客厅和厨房用简单的家具布置一番，然后就满怀信心地向旅店走去。他以出租的形式，将这所房子让给了金发姑娘的母亲。

旅店的客房只占了那古老建筑的第一层，因为二层已年久失修。那里房间昏暗，墙壁潮湿，斑驳满目；砖铺的地面磨损严重，落满灰尘，坑坑洼洼，高低不平。

堂阿帕里休没有为登门拜访而更衣，没有专门修饰。他足蹬马靴，项戴围巾，头上是一顶编织精细的草帽，手里提着马鞭。他用那炯炯有神的灰色眼睛贪婪地望着姑娘，那目光近乎疯狂、残酷，眼里闪着逼人的寒光。

"夫人，"他对姑娘的母亲说，"我有一所祖辈居住的老房子，又买了一所新房子，原以为它对我更合适，因为我年轻，又在利马受过教育，可谁知我不能住在那里。我不过是兰伯拉的一位善良的村民，那是离此地不远的一个小村子，只是隔一段时间来一趟省城。如果你们母女肯住到我那所新房子里去，对我来说，是莫大的荣幸。看门人的工钱，我来支付……"

他彬彬有礼，又会随机应变。说服了那位太太，就一起去看房。

又同样说服了母女俩,决定马上搬家。

回旅店时,堂阿帕里休和阿德莱达并肩而行。他边走边想:"天哪!多漂亮的金发小妞儿啊!多苗条啊!上帝呀,我并不想娶她。在我的村庄,她会像冰做的美人那样融化的;看到狂欢节的彩旗她会放声大笑的!至于她是不是处女,有没有疾病,对我都无所谓!我为什么要爱她?懒货!这就像我不知道为什么要占有她一样。我要给她设个圈套,就像套贪婪的狗似的,它们不怕死,围着豹子转就像围着驼羊转一样……马上行动!"

姑娘发现他在沉思,就不和他讲话。她有一双蓝色的眼睛,纯洁而又快活。夫人看了小伙子好几次,从上到下地打量。

告别时,母女俩都对他表示感谢。

"我们是穷人。"母亲对他说,"我是个寡妇,丈夫是个意大利乐师,生前在国立学府任教并在多家豪门大户做家庭教师……我们在这里住几个月……"

她坦率自然地说,这是沿海地区中产阶级家庭善良女性的典型性格。

阿德莱达想走了。她没有看那位男青年。

"我呢,喜欢田野里的鲜花。"她打断母亲的话,出人意料地说,"旅途中,在和本镇一样高的地方,花真多呀!蓝的和红的,蓝的和红的呀!就像飘动着的大披巾一样……"

"您还没看见白色的呢,那大朵大朵的白花!只要您肯赏脸,是有机会的。"

"您是一位谦谦君子……好心肠。"

姑娘表现出一种纯真的热情，两颊燃起了柔和的红晕。

"我的老天爷，"堂阿帕里休心想，"我要给她采高山上的鲜花。她的脸蛋儿不就像红色的阿蔷卡莱的花瓣和朝霞一样吗！我不是说过吗，阿蔷卡莱花和法尔恰花就像天真少女的脸蛋儿一样。真是美不胜收啊！我的马，我的马，你这懒家伙，我要跳到雪山顶上去！"堂阿帕里休的嘴唇在蠕动。他有点模模糊糊地走了。

"对不起，小姐，"他对阿德莱达说，"说到我们这里的花儿，使我想起了许多事。您同意我派两名土生土长的印第安女人来服侍您吗？她们是卑贱和恭顺的人，有的能听懂主人的西班牙语的吩咐。"

没等母亲开口，阿德莱达就接受了这殷勤的奉承。

"有一个就够了。"太太说。

"绝对不行，夫人。一个做饭，一个干杂活。"

*

圈套做好了，可不是套疯狗的那种，而是高级而又无形的，用胆量和放肆设下的：房子、奴婢、只收成本的食品，构成一个牢不可破的圈套，从而赢得强迫外来者顺从的权力。

镇上的太太们长出了一口气；小伙子们强咽了一口气；姑娘们则盼望看到那金发女郎，看她怎样走路，怎样受苦。堂阿帕里休发誓，谁要敢说新来的姑娘的坏话，就叫他家破人亡。他说到做到。说不定哪一天夜里，会有几百印第安人闯进庄园，精明而又忠诚的梅斯蒂索管家领着他们，捣毁栅栏，杀死猪和牛马，把他们驱赶到悬崖上去……这位兰伯拉来的先生可是说干就干,像他那样坚强果断的年轻人,可谓绝无仅有。再说,他体魄健壮,是出色的骑手;他一生气,两眼发红,浓眉倒竖,令人胆寒。他不用拳头打人,而是用右掌砍,那只手就像一块硬木头。人们称之为"砍脖儿",据说是利马的一位打架能手教他的。

金发姑娘和母亲的到来,在省城的生活中激起了波澜。会发生什么事情呢?最终会怎么样呢?她什么时候离开呢?堂阿帕里休会拿她怎么样呢?已经是他的人了?或者真的迷上了她,喜欢她像喜欢一个小学生?"在达官贵人的区里,人们议论纷纷。

到了结婚年龄的青年,小伙子以及半大小子们,在堂阿帕里休回兰伯拉的时候,就在她居住的那条街上溜达。这些大人先生们的居住区确实被阿德莱达的形象镇住了。只有印第安人的村落,人们很少谈到她。只是说镇上来了一个漂亮姑娘,金黄的头发,就像教堂里的圣母一样,所有的太太以及她们的女儿们都恨她;许多姑娘对她又羡慕又嫉妒,夜里甚至失声痛哭。

*

在阿德莱达和她的寡母搬出旅店的当天下午,堂阿帕里休走进了家院,手足无措又故作镇静。肩膀和脑袋靠在支撑着二楼的白色石柱上。然后他大声招呼琴师。马里亚诺从鞍具房跑了出来。

"马里亚诺,把你的竖琴拿来,"他说,"把红隼也带来。"

猛禽在乐器的弓背上扑扇着翅膀。乐师几乎是跑着来的,到了走廊便坐在石柱旁边的门墩上。

"主人，弹什么呢？"

"高山上的瓦伊诺，特别悲伤的。"

马里亚诺弹一首最悲伤的歌曲，开头的歌词是："黑色的鸭子，你为谁哭泣悲伤？我有永恒的丧服，而且不仅在羽毛上……

堂阿帕里休已分不清是真正的爱情还是悲伤了。

"堂马里亚诺，唱吧。"

"乌巴"开始唱了前几句歌词。他声音低沉、温柔，就像激流在越过崎岖的山涧之后平静下来，在心爱的土地上，在鲜花盛开的原野上哭泣一样。此时此刻，歌声加剧了主人朦胧的激情。"'乌巴'马里亚诺，这是怎么回事？你的琴声使我更激动了！"兰伯拉的先生心里说，他再也不能继续听下去了。

"马里亚诺，把我的马牵来！"他命令道。

印第安人把竖琴斜靠在墙上，向马厩跑去。那只红隼显然在用食肉猛禽观察时的眼光打量着这位年轻人。它的眼睛像一潭深水，时睁时闭。家的主人对此全然不觉。

堂阿帕里休没要他的篷秋。让乐师给他装上马刺，便飞身上马，奔驰而去。

"乌巴"关上街门，迈着轻快的步伐向村口走去。他登上城边河岸上一块长满红色苔藓的巨石，从那里可以看到主人在飞快地爬上山坡。

四

第二天下午,一位白发苍苍、肤色蜡黄的村长,领着十名印第安妇女,从兰伯拉方向沿着小溪岸边来到了镇上。他们每人手中拿着一束白色和紫色的阿蔷卡莱花,草帽上装饰着一圈蓝色和灰色的法尔恰花。印第安人老村长手拿粗粗的桃桐木手杖,上面镶着一道道银箍,这是权威的象征。手杖上端,也就是粗的那一头,包着一块银片,银片中间有一个十字架。

在手杖黑色的硬木上,银箍在闪光,每一道银箍就是一个"帕芽依"(一条经过加工的银带),上面雕刻了花、鸟、马、鹿的图案,四周用线勾出轮廓。

恰尔瓦区的印第安人拥向那一队人必经的空场和街道。男男女女都向老村长脱帽致意,但他们不明白这手持鲜花的队伍去干什么。从那深蓝色的衣着和帽盔上金色带子搭成十字形的装饰可以认出,这是兰伯拉地区的人。

那是个普通的日子,鲜花献给谁呢?有些人寻思或许是来给恰尔瓦显灵的上帝还愿的。然而无人去问究竟。老村长穿过这里的栅栏和胡同,一声不吭,旁若无人。年轻的印第安妇女们跟着他,面无喜色,表情木然,此地居住的印第安妇女绝对是莫名其妙。"这是干什么呀?"她们寻思着,"怎么不唱歌呢?身着节日盛装干什么呢?也不是办丧事呀!"

然而在中心区，太太和小姐们，后生和先生们，对此却一目了然。

"真丢人！"一个男人说，"村长要为堂阿帕里休找的姘头效劳！"

"这小子疯了！"一位太太想，她是堂阿帕里休母亲的朋友。

大家都喃喃自语，十分惊奇。看到印第安妇女手持鲜花过去，有些姑娘笑了；另一些受到了痛苦的打击。"要到雪山脚下才能采到这些花，昨天夜里他本人也上山了。还要让他的印第安人沿街列队，从我们面前走过，像孝敬圣母一样，献给她奇花异草。就在这里，在我们的镇上！"她们这样想。

阿蔷卡莱花和法尔恰花是在冰天雪地的乱石堆中开的。它们在冷清的地方散发浓郁的芳香，那里既不生禾苗，也没有家禽，连驼羊都不能到达。人一看见这花，就会热血沸腾。谁要是在茫茫雪原发现了它们，就会高兴得发抖，还会跪倒在地。年轻的印第安情侣们，都是在狂欢节之夜去采这种花，砍断的花梗上会冒出一种透明的汁液。

村长和女人们来到了阿德莱达和她母亲的家门口。一群好热闹的人也跟来了，人声嘈杂。

"他疯了！"一些人喊道。

"他疯了，还跪下了！"

老村长敲敲街门，阿德莱达出来开门。她愣住了，茫然不知所措。

"阿德莱达小姐，堂阿帕里休少爷叫我们来的！"

姑娘们毕恭毕敬地摘下帽子。她们的长辫子梳得整齐，帽子上插满了花，手里还举着大把的鲜花；而那些印第安人，脸色安详肃穆,整个集体似乎都在向她致敬,一种新奇的致敬仪式。

"先生,请进!进来吧,姑娘们!"阿德莱达说着,走到了街上。

她让那一队人进了院子。其他人,她视而不见,根本没注意那群以好奇、嘲讽和起哄的表情注视她的人。她关上门,进了院子,这才仔细打量那位村长和那些女人。这时他母亲也到走廊上来了。

印第安女人们一批接一批地走过来,将一把把鲜花献给她。太阳照得她的头发金光闪烁。十把鲜花在她怀中成了一大束。她细嫩的脸蛋儿在鲜花中显得喜气洋洋。印第安女人们见她如此快活,就一起拥到她身边,吻她的双手,然后再退回原处。

"妈妈!多美妙啊!这一切多美妙啊!"

她几乎是跑到了印第安姑娘们的身旁,用左臂紧紧地拥抱她们。她们感觉到了金发姑娘那小小的乳房,并仔细打量她的眼睛。只有深深的河流岸边闪光的岩石才有那样的颜色。阿德莱达也拥抱了老村长。老人用克丘亚语同她讲话。

"妈妈,他在讲什么呀?"姑娘急切地问。

"一切都这么陌生,孩子,我们得赶快离开这里。"

"只有他的名字可怕,还有他的眉毛,"外地姑娘低声说,"他的大个子……可……

他的心,他的心多好啊!"

五

在目睹兰伯拉的印第安姑娘们走过的人当中,有一位少妇痛哭不已。她就是奥科班巴的姑娘伊尔玛。

有一次,堂阿帕里休跑长途买卖归来时,将她从那遥远的村庄带回。他卖了二十匹马和一百头骡骡,然后用那笔钱买了牛。

对伊尔玛的征服和抢劫是习以为常的冒险。堂阿帕里休是在骡骡买主为了款待他而举行的游览和舞会上认识她的。

奥科班巴附近有一个湖,周围是绿草坪、玉米地和柳树。玉米地一直延伸到远方;沼泽地上长着高高的蒿草和狗牙根;湖岸的大部分被垂柳环绕,柳丝长长的,像披肩的长发,有的垂到水里,与倒影相接。奥科班巴湖是全县人民的骄傲,是人们休息和消遣的好地方。即便是出过远门的人也没见过比这更美好的地方。在湖岸边,人们会返老还童,焕发青春,就连最严肃的先生们都会在柳荫下奔跑,在枝条上荡秋千。湖中心有一座坟茔,一座石基的土山。这是湖的"脐心"。高高的芦苇随风摇摆,是来此观光的红翅小鸟的栖身之地。

为堂阿帕里休举行的游览规模盛大。异乡贵客的光临一向是举行宴会和庆典的良机,有身份的村民对此都求之不得。

伊尔玛姑娘并非出身显赫。父亲是个磨坊主,有少量的玉米田和一个果园。他只有一匹老马,动作缓慢,无精打采,是痛苦不堪的主人的牺牲品。伊尔玛是五个衣衫褴褛的孩子中的老大,孩子们使得父亲总是愁眉不展。

伊尔玛的嗓音甜润，酷爱"瓦伊诺"歌曲。她并不是全村最美的姑娘，可是在节日里要是没有她，就不称其为节日了。她那张线条分明的珍珠色脸庞引人注目。她的对手们称她是"黄脸姑娘"。她的眼睛又大又黑，滴溜溜地转，好像总是在寻找在场的什么人似的；她从这头到那头地观察院落、客厅和田野，目光温柔，一副毫不在意、心不在焉的神态。

堂阿帕里休缠住她不放，跳了几回"马里内拉"和"瓦伊诺"之后，迫不及待地和她攀谈起来。

"伊尔玛！"他对姑娘说，"我回去时，要用马把您像女王一样驮走。我们要过两座大山。我要把我的摩尔骡马让给您！就连我的亲娘都没骑过它。"

伊尔玛非常激动。他，个子高高的，两道威严的浓眉。所有的姑娘都会对他百依百顺。

"啊！您骗我！不可能！"她回答说。

堂阿帕里休感觉到了少女灼热的呼吸，便一面用手搭住她的一个肩膀，一面盯着她那一对被紧身小袄裹得紧紧的乳房。

"啊！我知道她是处女！"他一字一顿地说，"又要有一个外乡人淹死在奥科班巴的爱河里了。"

堂阿帕里休毫不掩饰他的抉择，一味向伊尔玛献媚讨好，但他既不妨碍聚会也不刺激姑娘的父亲。

她唱着《瓦伊诺》，大家翩翩起舞。外乡客弹着竖琴的琴箱，双手用力地鼓掌，大喊大叫，为跳舞的人鼓劲，总是站在他"对象"的身旁。

傍晚，客人们都骑马回到东道主家里。

堂阿帕里休早已吩咐为伊尔玛牵来了他的摩尔骒马，备好打偏坐的鞍鞯。两个青年人一起上马，两匹最漂亮的骏马。堂阿帕里休骑的马和那匹摩尔骒马碎步奔跑了一阵，然后又缓步徐行。

在整个节日期间，磨坊主——姑娘的父亲非常担心。他不知所措。一会儿和这个，一会儿和那个喝啤酒和皮斯科酒[1]；见了谁都不停下来讲话；归途中，他骑着自己的老马独自落在后面。他没有折磨那畜生，没用马刺刺它那衰老又溃烂的两肋，马刺在那里来回蹭着。他在用全部时间进行思考。那匹马一步一步地把他一直驮到家门口。下了马，进了院子，牵着缰绳。妻子无法说服他回去陪伴并保护女儿。

"不！说什么我也不去！"他用克丘亚语斩钉截铁地说。

他回到卧室，就躺下了。

他老婆不能去，因为没有一件像样的衣服。她披上一条大围巾，在自家门口坐了好一会儿。然后决定亲自去。她打定主意："我就待在举行庆祝活动的那家对面，用大围巾蒙住脸，等着。反正他们快出来了！"

在昏暗肮脏的街道上，弥漫着一股猪粪的臭气，草丛里的癞蛤蟆呱呱地叫着；在果园栅栏的后面，树枝摇曳，沙沙作响。从广场的拐角处来了一对恋人。他们手挽着手。母亲等候着。正是自己的女儿

---

[1] 皮斯科酒是用麝香葡萄酿的酒。

和那个卖牲口的青年。

"孩子，怎么耽搁这么长时间？！"母亲说，抑制不住哭声。

堂阿帕里休向她解释说，他们去找姑娘的父亲了，等了他一阵，而且现在也是来找他的。他恭恭敬敬地陪着母女俩，直到家门口才分手告别。母亲已经镇静下来了。

"娘啊！娘啊！"姑娘边喊边进了院子，"祝福我吧，就在这里！我想听到上天的声音！"

女儿那么激动地抱着母亲，使她有点害怕。

"你和那位先生不般配。"她镇定地劝女儿。然后用克丘亚语对她说，她父亲神情不安地回来了。他在屋里躺着，但是没有睡着。他睁着双眼，深邃的眼睛里闪着痛苦的光，只有不幸的人，只有睁着眼睡觉或死不瞑目的人的眼睛才闪着这样的光。这是罪孽！极大的罪孽！上天警告了！别叫爱的激流把你卷走！

可那爱的激流是甜蜜的，强大的。"不行，不行。我们拿定主意了。"她想。

她在院子里赶上了母亲，叫她陪伴自己，等着闪着多情的光芒的半个月亮升上天空，激情满怀的伊尔玛要等着欣赏神秘莫测的月光。她相信在月光中能看到圣母和圣婴骑在马上。她没有祈求他们的保佑。她感到幸福，并知道她不再需要任何人。果园里那棵靠着院墙的大胡桃树的枝条，开始摇曳在洒满月光的地面上。

"娘，咱们走吧。我心里踏实了。"她对母亲说。

她，姑娘的母亲，在用克丘亚语祈祷。女儿的话更加深了她的担心，她无限虔诚地跪在那里。

*

清晨四点钟，姑娘逃出了家。她假装克制骗过了母亲。那天清晨她骑上那匹在河岸上急不可耐的强壮的骒马。堂阿帕里休和牵着马缰绳的大管家早已在那里等候。他拥抱伊尔玛，把她紧紧搂在怀里，像拿一根羽毛似的把她抱上马去。马儿撒腿奔驰起来。

"亲爱的，我最亲爱的！你是黄花闺女！细皮嫩肉，多可爱呀！"他说着，骏马的奔驰更激发了他的喜悦和活力。

金雀花在田野上散发着馨香。河岸上的鲜花像清晰的斑点。下弦月并没有使星光黯淡，月亮渐渐靠近了矗立在晴朗天边的山峰；繁星在安详的月光下闪耀，并不那么刺眼。世间万物从没有像在这月光下那么和谐。星光能照到万物底层，照透山山水水，照出鸟兽花木的颜色，照亮人的心灵！一切都被宁静的月光连在一起。距离在消失。那个男人在奔驰，群星在他的心中歌唱，在他的手中颤抖。高天已不复存在。

伊尔玛，多么纯洁无瑕。天色渐渐发亮，太阳已露出笑脸，她看到山谷深处如此遥远的小小果园，看到湍急的河流，她的村庄的河流，这属于她，是她的童年的主人。

"我的亲娘啊！"她叫了起来。

担任向导的管家，停住了马。

"别停！"主人叫道。

"把我带到哪里去呀？我真可怜！"

她俯下身子，抱住散发汗味的马脖子。

堂阿帕里休在那骡马的臀部抽了一鞭子，那畜生向前跳了起来。

"走！"他命令说，"马过山口时，你可以哭，但别大声，我不喜欢！"

*

从那时起，她就成了主人众多情妇中的一个，或许是受宠的一个，尽管是同样的恭顺，好像是他在养活她们。

阿帕里休在阿尔卡马莱区为她租了一所房子，那里距达官贵人们的居住区很近，是梅斯蒂索人、小业主和工匠们居住的地方。

伊尔玛学会了弹吉他。唱歌会使她更痛苦。但她没有失望。

"他要再爱上别人，我就自杀，只要他不结婚，我就是最受宠的。可是，谁知道呢，天晓得！"她想。

在镇上她不愿和人来往。别的情妇们想使她也卷入争斗和丑闻。她们大喊大叫，但枉费心机。她们侮辱她，或让梅斯蒂索女人们和混血的醉汉们侮辱她。她冷静地看着他们，一言不发。她那双瞪着的大眼睛是温柔的，少见的。对其他情妇们的争风吃醋和酒鬼们的虚张声势她都会逆来顺受。

"可她是怎么回事，怎么回事呢？"人们这样思忖着。

不用说那些情妇和她们的仆人，就连庄园主的儿子、军官，甚至连那些地主本人都喜欢她，有些人简直到了狂热的地步。

"多钟情的混血儿！多温柔的混血儿呀！"他们议论着。

人们觉得"混血儿"这个词对她并不准确，人们是带着恨和欲望故意这样说的。

堂阿帕里休的其他姘头们曾和警察、邻村的小牧业主或小地主私奔！当兰伯拉的绅士回原籍时，镇上的显贵们夜里去勾引她们中的某些人，这并非难事。

伊尔玛从未在中心大街上出现过。她在深夜或中午唱歌。记忆帮她用吉他演奏遥远故乡的乐曲。秘鲁深深的富有音乐感的河流都从那里通过阿布里马克雪峰；古老湍急的河流像钢刀一样，在安第斯山最高的部分将其切开，分成宝石与燧石，形成了深涧，银带似的河流，从绝壁上的丛林中流过，站在陡峭的岸上一望，令人浑身颤抖，头晕目眩。

伊尔玛从不给她的主人唱歌。她在床上抚摸他，那是一张高高的铁床，支在一个土布围帘的后面。

只有一次，堂阿帕里休要她唱阿布里马克的"瓦伊诺"。

"也许以后我能唱，可现在不能。"她回答说。

堂阿帕里休没再坚持。

他早早地走了。在情妇家里，他从不待到天亮。不安的心情袭击着他。他匆忙穿上衣服。有些情妇挽留他。女人还在哭，他就走了。最初，她们中的许多人都挨过打。他把她们往墙上撞。到了街上，他又难过起来。"我是鬼迷心窍了！我是个坏蛋！"他叫着。

奥科班巴的少女从未向他表示过那种失望。她让他走，不哭。没过几天，他就回来了。伊尔玛拥抱他，有时脸上还带着微笑。

夜里，他常常很晚才来敲门，叫她。

"我就是专为你来的，奥科班巴姑娘！"他说。

的确如此。马淌着汗水,口吐白沫,在门口等候。

*

沿海姑娘的到来也搅乱了伊尔玛的心情。

一天下午,堂阿帕里休去看她。

"伊尔玛,现在你唱吧。"说着,坐到土布帷帘外面的一个砖墩儿上。

她调好吉他,唱起那支每段都以"啊,孔雀,河流的雄鹰!"为结尾的"瓦伊诺"民歌。

"再唱一遍,就这首!"堂阿帕里休要求她。

小伙子的眉毛好像很乱,连眼睛都遮住了。

"再唱一遍,奥科班巴美人儿,再来一遍!"

他闭上眼睛,倾听着,听了很长时间,然后起身,连看也没看她一眼,就开门出去了。

三天后,兰伯拉的村长就到镇上给阿德莱达送鲜花来了。

于是当天早上,伊尔玛早早地就到堂马里亚诺那儿去了。她酝酿了一个大胆的计划。琴师打开了那扇小小的街门,看看是谁,伊尔玛果断地进来,并亲自上了锁。

"咱们来谈谈你的东家。走,你住哪间屋子?"

堂马里亚诺把她领进鞍具房。那只红隼快活地站在一根钉在白墙的木棍上。伊尔玛突如其来地打断了主人与猛禽的消遣。"乌巴"常在"聪明小伙儿"面前得意忘形地舞蹈,那只红隼也时而直立时而低头,仿佛在模仿主人的动作。房间的地面上铺着新的干草,生长在高山上的金黄色的干草,粗糙、坚硬,还反射着夕阳的余晖。

"姑娘,姑娘!堂阿帕里休,东家!他怎么啦?"

她使马里亚诺大吃一惊。当乐师叫着堂阿帕里休的名字时,心神不定又无可奈何地向少女摊开了双手。

"没什么,你坐下!"

她用阿布里马克那甜润而又凄苦的克丘亚语向他诉说,堂马里亚诺聆听着。他听到的克丘亚语和家乡的、内地果园的差不多。亚马孙河从那里发源,形成了一支大动脉,咆哮着流入在山峦中冲刷出的河床。伊尔玛对他讲的克丘亚语就带有那些河流的韵味,那些在河岸上嬉戏、呼喊、召唤人类的鸟语莺声的韵味。

伊尔玛渐渐使他忘记了时间的流逝,以及自己是个"乌巴"。她湿润的眼睛,年轻痛苦的脸庞,还有他听到的故事和希望,把他弄糊涂了。他跪下了,毫无顾忌地把头轻轻支撑在姑娘的双手上。温柔的手指激起了他生命的活力。那颗最美的星——神秘莫测地镶嵌在夜幕上的天狼星在他的眼中闪耀着光辉。

"姑娘!太太!孩子!"他站起身,高叫着,"咱们在这里,在这里受苦!你叫我怎么做,我就怎么做!用我的竖琴!也用我的灵魂!"

自从来到镇上,伊尔玛第一次在别人面前流了眼泪。

"乌巴"容光焕发,像晶莹透澈的湖水一样,在它的岸边,人们可以不停地哭泣;小鸭会摇摇摆摆地游来,微风吹皱了湖面,搅乱了群山和香蒲在水中的倒影。

"姑娘,我到你家里去给东家演奏!你把竖琴拿走吧!"琴师说。

回去时,他一直陪伊尔玛到阿尔卡玛莱区,一直到她家门口。没有人看见他们,因为在天气寒冷的村镇,人们很少在夜间出门。乐师匆匆地回了家。一进鞍具房,就为他的"聪明小伙儿"跳起舞来,然后躺在闪光的干草上。

"我的女主人!她将是我的女主人!啊,哈哈,我的'小伙儿'!啊哈哈哈,我的'小伙儿'!"

他斜视着那只深情而又安详的红隼。

六

堂阿帕里休在兰伯拉逗留了十天。这一天上午,由两位骑着高头大马的管家陪着,来到了省城。堂阿帕里休骑着绰号"猎鹰"的黑色马驹,马具是节日里才用的。他不走兰伯拉方向的路口,走恰尔瓦区,从高处就拐了弯,下到阿尔卡马莱区,这样就一定穿过市中心。马鞍穗子上的四百个银环光彩夺目;宽大的马镫上穿着银带;脚上套着纯银打制的马刺,上面有一个很大的钢制马刺叉。黑色马驹很注意行走的姿态,骑手驾驭着它:它威风凛凛地踏在石子路上,宽厚结实的马脖子,微微弯成弓形,两只小巧玲珑的耳朵像剪刀一样竖着,随着体内的热血沸腾而颤动。

人们聚在一起看他们走过,有的跑到阳台上。居民们熟悉这"猎鹰"的蹄声和兰伯拉骑士的马刺的铿锵声。

第七章 宝石与燧石

堂阿帕里休披着最精细的驼羊毛的篷秋。那篷秋并没有因为风也没有因为马驹的行走而飘动，它的重量恰到好处，一个角搭在骑手的肩上，正好让人看见圣彼得城出产的垂着流苏的蓝色皮袍和镶着银边的精致的马鞍。

管家们紧跟着主人。

"这位阿帕里休，在利马受过教育，可什么也没学到。"

"就喜欢招摇过市，就会用这财主的派头骗女人！"

"也就骗那些见识短的女人。利马那些有教养的女人才不理这老一套呢。"

他博得了一些人的顺从。有一些小姐对他的习惯表示轻蔑。她们说："像他的乡巴佬祖先一样，他也是个蠢货！"然而说归说，她们几乎无不注视着那马驹和它的主人走过。他向人们点头致意，不安的神情越来越明显。去他家所在的街道，必须从一个街角向左拐。他一磕马刺，马驹的前腿腾空站立起来，迈着碎步跳了几下，小伙子也就来了劲头。管家们也刺了自己的坐骑，狂奔起来，马掌碰到石头路面，闪出了火星。

那天上午，风言风语、道听途说的话题不光是关于堂阿帕里休，也关系到那位沿海来的姑娘。

"这野小子今天会向她求婚！姑娘的母亲不会答应，他非亲自开口不可。"

"那不是在姑娘的门前下马了吗？"

"可为什么带来两个骑高头大马、穿节日盛装的管家呢？"

"他不会向姑娘求婚，会碰一鼻子灰的。虽然他有钱有势，可人家并不了解他,或许还没有情意吧。"

"可谁又知道她们母女俩是什么人呢?说不定母亲或女儿是个痨病鬼呢,患痨病的穷人到这里来吃土豆、喝牛奶。这里气候也好哇!她们说不定会跪着接待他呢……"

堂阿帕里休只想逗留几天。他在镇上耀武扬威,而且只要阿德莱达在这里,他就不会改变这种做法。他总是在最主要的街道上出入,而且随从越来越多,尽管他当天就打发他们回兰伯拉。

这一次他没回自己的家,从街上走过,到了阿德莱达家门口。

几匹马猛然一停,引起一阵混乱,年轻的阿德莱达出来看看。堂阿帕里休就在她门前,马驹的肚带上缀满银环。

他脱帽向姑娘致敬,管家们也模仿主人。三匹马同时向后退了几步。

"您的仆人在此,小姐。"

姑娘的面颊泛起红晕,他注意到了。少女害羞了,心里似乎有一团火。他磕了一下马刺,让马向后退,然后踏着碎步,在狭窄的街道转了几圈。"老实点!你看是谁在夸你呢!"他对马驹说,并意识到阿德莱达在注视他们。

"您要骑它吗?"他在门旁下马,问那姑娘。他走到姑娘身旁,把手伸给了她。少女金黄的短发,纤细的小手,在堂阿帕里休的记忆里唤起一个遥远的梦幻。"怎么回事?怎么回事?"他心里想。小时候,在高原无边无际冰冷的山上,他曾在印第安人的草棚里睡过觉。黎明时,父亲把他抱出来。在草原少见的鸟类凄凉的啼鸣中,太阳出来了。阳光沿地面微弱地铺开。在没有树木的原野上,高高的野草,金光闪烁,每一棵都沐浴在光辉中。

"阿德莱达,您骑上它吧。别看它威武得像个国王,这马可是最温顺的。"他说。

他拉着姑娘的手臂,来到马旁边。

"要是我们大家都离开这里,把它忘了,我相信它就是饿死也不会离开的。我买它时,它还很小。我驯养了它,制服了它。'猎鹰',看这里,驮着小姐走吧,要像驮一朵鲜花一样!"

她拉着缰绳,让马微微低下头。那匹马真的用水汪汪的大眼睛望着她,既不高傲也不强悍,而是沉静安详,只是那两只耳朵直直地竖着。

"阿德莱达,现在您可以揪它的耳朵。揪吧!这样可以知道它认识您。也许您不知道,这是一匹骏马是否驯顺的最好证明。"

姑娘抚摸了马驹的一只耳朵。在手中,感觉不到任何毛皮,没有任何东西比它更细腻。高贵的畜生似乎在克制自己,好像在抖动。有什么东西从它善良的前胸流下来。它把头垂得更低了,然后又直起来。脖子上的鬃毛倒向一边,颜色更深,闪烁着美丽的光泽。

"好吧,我骑它,明天。我们去和我妈妈说。"

她叫了自己的母亲。随着那位太太出来了两位兰伯拉的印第安女人,她们几乎跪在了年轻的主人面前。他没理睬她们,只叫她们离开。"很美,很美,心灵和长相都美!"她们用克丘亚语大声说着,走开了。

夫人同意了他对阿德莱达的邀请。他们将骑马到邻近的一个湖边去。那个湖很有名,因为它周围有一圈窄窄的黄沙滩。路很平,而且要穿过苜蓿地和麦田。

不能再晚了,堂阿帕里休这才和母女俩告别。两位管家一直站在对面的墙脚下恭候。三个人一齐上马,两个管家跟在后面,鱼贯而行。

"快来,费利克斯!"主人命令道。话音未落,走在后面的汉子立刻赶了上来。

"她的胳膊真秀气。"堂阿帕里休对大管家说,"从另一个世界来的宝贝。我要在咱们教堂的前厅看到她。"

"您会把她带去的,东家。"

"跑着玩,她会更喜欢,对此,我们的广场很好,又有阴凉。"

"您得叫人每天打扫,先生。"

"不过……不是门当户对。不,不是!"

"您说了算。"

费利克斯留着络腮胡子,是最好的放牧人。

"你说什么?费利克斯,父亲会笑话我吗?"

"他在九泉之下会仔细观察的。要好好了解一下那姑娘。那些印第安女人叫您来着。"

与此同时,阿德莱达在院子里对母亲说:"我没跟他提花的事!没想起来。他不给我时间。他每次都像换了一个人,好像越来越高大。"

在堂阿帕里休家的街门附近,费利克斯问他的主人:

"孩子,那位奥科班巴姑娘呢?"

"什么?"他转过身来像要惩罚管家似的,眉毛都竖起来了。

"是的,堂阿帕里休,您打算怎么发落她呢?"

"一如既往!维持现状!一定要维持现状!"

费利克斯目不转睛地盯着他。每一次出行,每一次行动,他都曾奉陪已故的主人和堂阿帕里休。在那个抢人的清晨,他曾见过在潮湿的胡椒树林中,奥科班巴少女在慢跑的马背上啼哭。姑娘高尚的情操,她那线条分明、充满活力的脸庞,她的眼睛,都曾打动他的心。"要是像这样,用欺骗手段,把我从亲人中抢走,抢到另一个村庄去,还要像狗一样,我会怎么样呢?天真无辜!天真无辜!总之,如果我的灵魂是肮脏的、好色的……"

堂阿帕里休已经觉察到大管家在寻思什么。对他来说,费利克斯就是自己身体和灵魂的组成部分。

"到她那里去,给她请安。叫她今天晚上等我。"他吩咐说。

他这样做使管家高兴起来。他笑了。竖琴手打开了正门。"猎鹰"一步一步走了进去,在走廊正中的柱子那里停下来。费利克斯沿街向前,飞驰而去。

年轻人没有停下来和乐师说话,慢慢地上了楼梯。

堂马里亚诺坐在门墩上等候。他心中充满自信。

*

等到大管家回来时,主人已经出去了。马里亚诺不在院子里。费利克斯在马厩找到他,他正在看马呢。

"你别做饭了,"他对乐师说,"我请你一起到饭馆去吃。"

马里亚诺从不和梅斯蒂索管家们说话,只有主人的母亲带"侍从"来时,他和他们用克丘亚语交谈。印第安人"侍从"们到鞍具房找他,夸奖他的红军,赞扬那些猛禽的本领:"它们能叫老鹰落泪,能从太太的深宅大院里把小鸡叼走,甚至连火鸡长大了的鸡仔儿也能叼走。它们像箭一样俯冲下来。它们能隐蔽在空中,人们只能听见扇动翅膀的声音。"有的"侍从"就睡在鞍具房内。天亮时,堂马里亚诺压低声音,几乎是在那些印第安人耳边弹琴。因为主子的母亲不信任马里亚诺。

"他喜欢我儿子,我才不叫人把他打发走。我觉得他是个巫师。他能听到我们听不到的声音。"

有一次,老太太把他叫到二楼走廊,叫他跪到木板上,几乎喊着用克丘亚语问他:

"你听到什么了?你整天在听什么?你这天生的畜生!"

乐师无法回答。

"你给我低头跪在地上,要像铅铸的一样!"太太叫嚷着。她径自回卧室去了,却叫他一直跪在那里。

腿都跪麻了,他才站起来,一级级走下楼梯,喘着气,生怕人家发现,再把他叫回来。

现在他怎能和大管家一起到饭馆吃饭呢?

十二点了,大管家把他从暗门后面拉出来。

在街上,管家们和他讲话。他们在饭馆里间走廊上的一张小桌旁坐下。席间,费利克斯亲切地注视着他;堂马里亚诺看得出管家要开口了,要对他说什么,可又没拿定主意。他们喝着奇恰酒。管家已喝了半坛。他笑了，用杯子喝已经不顶用了；他捧起坛子，长时间喝起来。他抹抹胡子，叫道：

"姑娘！再来一坛！快点！"

他邀请乐师也喝，把满满的一坛放到他手上。

"像我这样，干！"他对乐师说。

堂马里亚诺可没那么大的酒量。

"我喝不惯，老兄。"

午饭吃完了。

费利克斯靠近了乐师，绕过桌子，和堂马里亚诺坐在同一条板凳上。

"堂马里亚诺！堂马里亚诺！伊尔玛姑娘，我的女主人，属于我！也属于你！"管家对他说。

然后拉着他的胳膊叫他起来。他在桌子上丢了几枚硬币，他们就离开了。他领着马里亚诺走了一段路，把一只胳膊搭在乐师的肩膀上。堂马里亚诺是五短身材，几乎都圆了，而管家是个彪形大汉，因此好像后者在搀扶着他，领着他，保护着他似的。行人都在注视他俩，有几位还停住了脚步。"琴师'乌巴'喝醉了？""和兰伯拉的大管家一起？"

后来他们分开了，可还继续往前走，堂费利克斯在人行道上，乐师在石子路上。

"乌巴"进了主人的家。堂费利克斯继续向前走。

堂马里亚诺坐在鞍具房门口晒太阳。苍蝇在潮湿的地方飞来飞去，有几只嗡嗡嗡地互相追逐。一只短腿大身子的蜘蛛，挥舞着小小的前腿,几乎藏在落满灰尘的石头后面,窥伺着。堂马里亚诺听着小虫子的声音,看着它们沾满自己的泪水。

"姑娘!我哭什么呀!我哭什么呀!"他用克丘亚语自言自语。

是世道,是整个世道使他哭了,是明亮的寓所,是那男人的情人,是他的"宝贝儿"使他哭了。

*

堂阿帕里休一直没来。

当最后一丝光线在天空消失、沉沉夜色降临时,大管家进了鞍具房,把竖琴拿走了。

"你就去啊!"他从院子里对琴师说,"堂阿帕里休在沿海来的母女俩那里。他肯定从那里直接去。"

琴师出了街门,看着费利克斯抱着竖琴的背影,很快就在黑暗中消失了。

闪耀的星星是那么遥远。刮着风。朵朵云彩在空中从一端飘到另一端,时而遮住了星星,时而又将它们点亮。星光下,青蛙的歌声响成一片。它们之所以发狂,或许是由于云彩忽高忽低,有时甚至贴到地面。因此它们就用最低的声音,饱含夜间大地的深沉,多情地唱起来。

堂马里亚诺听着蛙声而忘乎所以,坐在前厅的小门外,久久不动。然后他摇摇头,关上门,朝阿尔卡马莱的方向走去。当他停在那平房对面时,伊尔玛出来了。堂费利克斯在那里,靠着墙,捋着胡子。他看出了管家的心情忐忑不安。

"我走了。"管家说,"我去侍候主人。他来这里时,我好回老宅。"

灯罩擦得很干净的煤油灯将屋子照得通明。伊尔玛的家不是楼房,只是一所平房。既没有前厅,也没有宽敞的庭院;唯一的门就是房门,马匹进不去。骑马的客人只好把马停在房门对面的街上。

一间卧室,一个小院和在过道一端的厨房就是这所平房的整体结构。在过道和小院里,伊尔玛种着三色堇和天竺葵的盆花;常青藤在寒冷中挣扎,沿着女主人从房顶垂下来的绳子向上伸展。厨房门口附近的一棵金雀花缀满小小的花朵。这使她想起阿布里马克那碧波粼粼的河流两岸的树林。

粗布帷帘把卧室和"客厅"分开。伊尔玛把"客厅"里当家具用的砖墩儿铺上了坐垫和毛皮。高高的支架成了灯座。墙壁上刷了白灰。

伊尔玛拉着乐师的胳膊,一直来到卧室,竖琴就在那里。

"肯定,他快来了!已经不早了!"

堂马里亚诺检查了一下竖琴。他很坦然。伊尔玛听到了调弦的声音,就进了卧室。

"亲爱的叔儿,慢慢弹,弹个曲子吧。"她说。

堂马里亚诺弹了一首东家经常点的"瓦伊诺"舞曲:"河里的虫,你为何把丧服穿?为何爬得这样慢……"

响起了脚步声。

"现在来更好!"她说。

她出去开了门。

正是堂阿帕里休,身着节日盛装:黑色大衣,而不是篷秋;打领带,系窄围巾,而不是那条宽宽的驼羊绒带穗的围脖;没穿白靴子,着一身礼服;漆黑的皮鞋,油光闪亮。

"奥科班巴美人儿,我是专来听你唱歌的。"他说。

到了灯光下,他已不那么神气了。

"天哪!你太漂亮了!为什么在辫子上戴一朵天竺葵的花?奥科班巴姑娘,你怎么了?希望!爱情!你那结实的胳膊,像处女的一样,能保持到什么时候呀?奥科班巴姑娘,你的眼睛也一样。你会永葆青春!今天你为什么在辫子上戴那朵花呀?你使我想起小溪边的鸽子。你的眼睛像会唱歌的岩洞,不过只在下大雨的时候才唱。好!唱吧!"

他们坐在了一起。

少女有点怕开口。

"我都学会了!"堂阿帕里休对她说。

河上的鹰,我在等你

河上的泡沫,山里的鹰……

下一句歌词要重复前面的曲调,她便提高了嗓门。堂马里亚诺听见了那句歌词,他闭上眼睛,把前额支在竖琴的弓背上。阳光照亮了他记忆中的往事,他欣赏过果园和可爱的小溪……"姑娘啊,小姑娘啊!"他自言自语地重复。于是伴随两位青年人的歌声,他开始演奏。稍微过了一会儿，堂阿帕里休意识到了这另一种音乐的声音，好像是他们自己在歌唱时发出来的，或许是用听觉，抑或是用眼睛……

他起身，向前迈一步。他觉察出是竖琴的声音。他进了寝室，乐师正在那里弹呢，埋着头，专心致志。他出来了。伊尔玛微笑着，爱恋地注视着他，比任何时候都更像他家的女主人。堂阿帕里休做了一个假动作，因为他手中没有皮鞭。

"滚出来，印第安人！"他吼道。

伊尔玛想跳起来，可那位兰伯拉人两眼冒火，好像周身都要燃烧起来。

堂马里亚诺拿着竖琴出来了。堂阿帕里休从他手中夺过来，把琴弦和琴弓摔得乱蹦。一顿踩踏，把琴踩扁了，毁了。一开门，把琴师推了出去。

"滚！"他用克丘亚语叫道。

转身，又对姑娘说："再见吧，奥科班巴姑娘！再见，再见吧！"

他走了。

堂马里亚诺像一只逃命的熊一样跑过了街巷。

前厅的门没有上锁。他进了院子，心中惶惶不安，不知去哪里。堂费利克斯也许在睡觉，也许在后院的哪间屋子里等候。他不愿回鞍具房，也不愿见他的红隼。他走到马厩又返回来。他在台阶下面走廊的砖地上坐下来。他在朦胧中听到一片蛙声。他又重新站起身来，开始一级一级地爬楼梯。爬到地板上才站起来，蹑手蹑脚地走到堂阿帕里休的卧室门口，盘腿靠墙根坐下。

没过多久，主人回来了。他拨开门闩，弄得叮当乱响，费利克斯赶忙从后院跑过来。

"我什么也不要！睡觉去！"堂阿帕里休命令道。

他在一楼走廊的砖地上来回踱了一会儿，然后就上楼了；望着阴暗的天空，倚在栏杆上待了片刻。他坚定地向寝室走去。当他把钥匙捅进锁眼时，堂马里亚诺紧紧抱住了他的膝盖，哀求说："少爷！少爷！"

堂阿帕里休推他的头，把他推到一旁。乐师还在叫他，用力抱住年轻人的膝盖。这时，他拖着"乌巴"猛地走了一步，抓住脖子和大腿，把他举了起来，冲向栏杆，向空中抛去。

落地时，他都没叫出声来。兰伯拉阔少连一声呻吟也没听见，只听到乐师的身躯和院里的石头地面的撞击声。堂阿帕里休侧身扑向卧室的房门，但是他已经打不开门了。他又一次扑向房门，倒在了地板上。这时他用了钥匙，进去了。点起了大烛台上的两根蜡烛，靠着墙，坐在地毯上。烛光在舞蹈，摇曳不定。

*

天亮时，费利克斯进来了。

"主子，您没关门，没睡在床上？蜡烛点完了。堂马里亚诺死在石头地上了。主子，您杀死了他！"

"费利克斯！去把阿尔卡马莱的区长叫来！叫他到我的卧室来。马里亚诺从栏杆上摔了下去。我相信他要来杀我，是他要杀我。费利克斯！去叫区长来！叫他们敲响阿尔卡马莱的钟声。我一个人在这里，躺在地板上。叫区长来！"

他站起身，黄色的脸上，两只眼睛好像在燃烧。纷乱的眉毛使他的脸上笼罩着阴云。

费利克斯跑下去了。

阿尔卡马莱的钟声响了。在晨光中，缓慢的钟声宣告着一个人的死亡。区里的印第安人画着十字。透彻而又哀婉的钟声传到远方；红色寄生虫，潮湿而又柔软，生长在区里高大岩石上，在黎明冰冷的寒风中瑟缩着，沉浸在这纤细的哀乐中。白色塔顶上，鸟儿已经在啼鸣。

阿尔卡马莱区的区长走上那座高大房屋的楼梯，手持权杖，走路时便拉着它。

他脱帽走进从兰伯拉来的先生的卧室。雪白的帘子挂在高高的铜架上。堂阿帕里休坐着的深色木椅，上面铺着红色的椅垫。

"区长，"堂阿帕里休用克丘亚语对他说，"我的门卫堂马里亚诺死了，我把他交给你的单位埋葬。要厚葬。灵堂就设在这里。第五天的仪式在你家里举行。我给你两千索尔的费用。守灵就在院里进行，全齐了。我不出面。堂马里亚诺是从你们区来的，就让他留在那里吧。墓地也在那里。请大家都来，都来参加葬礼！他是他们的儿子。他会从天上为阿尔卡马莱的节日演奏竖琴的。他在九泉之下会永远弹竖琴的，同样会在我的心中弹的！"

区长站在那里听着，一动不动。堂阿帕里休把一叠黄色的纸币递给他。

"先生,"他回答说,"我们将像送别一位尽职尽责的了不起的村社社员一样为你的仆人送葬。他受过人间的苦难,将在天上为上帝演奏优美的乐曲。听说黑马驹踢了他。"

"夜里死的。让人来吧。"

区长祷告着走了出去:"贞洁的圣母玛丽亚!"

费利克斯留在门口,他的影子延伸到堂阿帕里休那里。年轻人盯着那身影。过了一会儿,他才抬起头来,他的目光是坚定的,就连太阳在雪地上的反光也不会使他眯眼。

"马驹呢,怎么了?伙计?"他问道。

"堂马里亚诺头上有血,一直流到脖子,流到脸上。一到打谷场,马驹'猎鹰'就把压场的把式踢了,伤成这样。把他踢死了。"

"黑马驹比你强,费利克斯,伙计!你会嫉妒它!在阿尔卡马莱,人们会说'猎鹰'杀了人,我再也不能骑这匹马到那个区去了,再也不能去了。你也不能再去了。两三天后,每个印第安人都会在心灵深处把'猎鹰'埋葬。他们会认为它散发的是死神的气味;它的眼睛射出的是死神的视线;死神会揪住它的尾巴和脖子上的鬃毛。它那响彻兰伯拉上空的嘶鸣……他们会怎么说呢?他们在敲丧钟了,伙计……可'猎鹰'会死而复生。它活着!像我一样!我也活着!叫另一位管家到我这里来,叫他站在门口。你别来了。和各区告别,回兰伯拉去吧。别叫我母亲到这里来。对,伙计,就这么办!"

费利克斯迈着坚定的步伐走了。

三位区长率领阿尔卡马莱区的村民，从大门洞开的前厅，走了进来。人们都穿着黑色的衣服。正区长胸前佩戴一枚银十字架，十字架挂在一条古老发黑的银链上。受难耶稣的脸是模糊的，鼻子是实心的。区长两旁是总管和农田助理。男男女女大多穿黑色丧服，要不就穿浅蓝色衣服。

参加葬礼的人挤满了两进院落。里院的厨房和所有房间都被占用了。里院走廊的一张桌子上，铺着黑色桌布，遗体就安放在那里。按照歌手的示意，全体村民开始祷告。人们就像一群大黄蜂一样，一齐唱起肃穆的歌词。含糊不清的歌声一直传到堂阿帕里休的卧室。门口肃立的二管家摘下帽子，粗硬的头发几乎盖住了他的前额；他竖起耳朵听着，也开始高声祈祷，调门和众人的喃喃声完全一致。堂阿帕里休起来了，向房门走了一步。二管家低沉浑厚的声音使他心烦意乱，比葬礼的歌声更甚。那是在大黄蜂的嗡嗡合唱的协奏下唱出的清晰的歌词。他重又坐下，觉得自己的体重增加了一倍，因为他的心比整个身体还重。

祷告结束了，沉静了片刻。堂阿帕里休已经知道！轮到妇女们唱"送葬曲"了。他闭上了眼睛。一群妇女用头巾遮住半边脸，开始唱起来。她们不管单词，只管音节，用世上最尖锐刺耳的声音。年纪大的男人，站在遗体旁边，慢慢咀嚼挑选出来的柯卡叶子；另一些人表情坚定地倾听，把遗体围得水泄不通。女歌手们提高了嗓门，拉长了音调，让歌声响彻四面八方。送葬的女人们开始哭起来，她们相互感染,哭得越来越令人悲痛欲绝。她们都席地而坐。二管家踱来踱去。为了不听到女人的哭声,堂阿帕里休塞上自己的耳朵;送葬曲烧着他的心。那歌声压抑着他,使他的血汹涌沸腾;那歌声使他的生命上升,把他带到了死亡的边缘。生长在兰伯拉附近的高大的桉树,像山坡上的污痕,似乎在情不自禁的悲惨气氛中正向他走来。

歌声停了,可那年轻人觉得最好还是在令人压抑的声浪中活着。

可那合唱又不时像摆锤一样,一次次从天中央打将下来。暗无天日!太阳像日全食的末尾,用黄色颤抖的光芒沐浴大地。在这种阳光下,那位从高原来的男人满怀预感地走着。

*

人们抬着一口沉重的桉木棺材,里面放着乐师的遗体。堂阿帕里休看见人群上了山坡,墓地在山顶上。送葬的人漫山遍野。知道那群人进了墓场,兰伯拉的领主才离开他家的阳台。

他突然决定,并命令管家:"备黑马驹!"

他在高高的走廊来回踱步,穿着黑皮鞋、黑礼服,打着浅蓝色领带,戴着礼帽。

管家把马牵来了。当有人牵笼头时,那马驹不跑,扬着头,一步一步地走着。

堂阿帕里休不慌不忙地下了楼梯,接过缰绳,刚要上马,又停住了。

"马刺!"他命令道。

他自己带上马刺，就上马了。管家已经打开了街门。

街上空荡荡的，各区的人都送葬去了。马驹小跑着。一些身份显赫的太太小姐们从窗户看见年轻人走过去了。"骑着那马驹？"她们自言自语。"还戴孝？"有的叫了起来。但是在这样的时刻，她们不能再恶语伤人。

在为公墓充当门户的光秃秃的山上，几个酩酊大醉的村民踉踉跄跄地走着。"堂马里亚诺，孩子，天使！"听见人们这样说，堂阿帕里休下了马。夕阳平射的光线照亮了公墓蓝色的大门，在拱形大门中间的石头上，雕着一个灰白色、非常醒目的骷髅，面向着村镇。

在公墓宽阔的场地上，各区的印第安人在窃窃私语。

当人们看见堂阿帕里休时，立刻让开一条通道，让他过去。高高的牧草，还是绿的。他来到墓穴旁边，尸体已经下葬。死者穿着教士咖啡色的长袍，只能看见一双黄色的赤脚。一件带帽子的斗篷盖着他的头，脸上盖满棉花。一个小小的驼羊的雕像拴在手上，是用木块做成的，用驼羊毛织的布包着。在寂寞的旅途中，驼羊将永远陪伴着他，直至那伟大的宝塔。按照印第安人的说法，那座鬼魂建造的塔在科布罗纳山顶，是永远不会竣工的。

堂阿帕里休闭着眼睛，对尸体说："马里亚诺老兄，我的灵魂也像一条白狗一样，在你必须经历的全部寂寞中陪伴着你。此刻，在我的身体中，血液像在冰冷的五六月份，像在高高的雪峰，被判处而又得不到安慰的灵魂在那里哭泣、飘荡。永别了！永别了！永别了！永别了！"

区长面朝西站在那里，主持最后的仪式。对兰伯拉的领主，什么也没说。头天晚上,他整夜都在喝酒,脸上泛着光。他站得笔直,表情严肃到了极点,注视着所有的人,所有的物。他有一种看来是必不可少的凝重。他点头示意,一位歌手就唱起《我们的圣父》,人群便响应起来。堂阿帕里休站在区长面前,凝视着尸体。他也看到印第安人区长胸前的银十字架闪烁着暗淡的光。

祷告结束,区长望着年轻的财主,好像这族群首领是从一个朦胧而又遥远的世界向他走来。

"你,第一个来!"他用克丘亚语命令道。

一个印第安人将一把铁铲递给堂阿帕里休。

他接过铁铲,站到一旁,并看见了他的大管家。几步之外,只见伊尔玛身穿丧服,几乎用头巾蒙住脸,眼里充满晶莹的泪花。堂阿帕里休摇了摇头。多么大的太阳啊,在他的内心熄灭着!他待在墓地。他跪下了,用铁铲铲起一点土。他没有把土扔到脸上,而是盖上了赤着的双脚。

"行了!"响起了区长威严的声音,他以自己的表情和高深莫测的双眼表明,在那里他是主人,是主宰。

堂阿帕里休照办了。农田助理把铁铲传给区长,后者弯下腰,铲了一大铲松土扔进墓穴,再直起身把铁铲传给总管。

在公墓门口,一群妇女唱起送葬歌。堂阿帕里休在区长面前低下了头,离开了。

他骑上马驹,几乎是奔下了山。一到石子路上,他就勒住缰绳,让马碎步行进,就像从兰伯拉归来时那样。经过家门口时,他扬长而去,到了阿德莱达的寓所前才翻身下马,敲了几下门,出来一位印第安女仆。

"去叫小姐！叫她独自来！"

阿德莱达开了门，她穿着一件黄色的衣裳。太阳还能照到她的短发，金色的光线是从背后照射过来的。

"您怎么了，阿帕里休？像要死似的。"少女对他说，并抓住他的双手。

"我从没下过这样的决心。"他回答说，"我要去旅行，到奥科班巴。要翻过三座大山。我是来向您，只向您，告别的。就此别过。"

他躬下身，吻了她的裙边，然后翻身上马，狂奔而去。

"真是个野人！山里的野人！"她叫了起来。

"哎，小姐，漂亮的姑娘啊，小斑鸠啊！"

兰伯拉来的印第安女孩哭了。她目睹了那告别的场面和堂阿帕里休冰冷的表情。难道是死神装成兰伯拉主子的模样来登门造访吗？可除了他，谁还会要死呢？是那狂奔而去的有钱有势的阔少，还是这美貌温柔的金发女郎？

"姑娘！啊呀呀！小宝贝儿！"她呻吟着，跪在了地上。

阿德莱达的母亲跑了出来，母女俩将她搀了进去。

*

堂阿帕里休决定等到晚上，闯进伊尔玛的家，对她一顿鞭打，然后送到兰伯拉去。

"天一亮，早早地，我就和她结婚。叫她受一辈子苦。让她连广场上的碧索纳伊树也别想看,那些树上的花蔓延得像红地毯一样。那个费利克斯也许想安慰她。他会拜倒在伊尔玛的脚下,也许还希望把头枕在奥科班巴女人的裙子上。他以为我会叫他搬到那平房里去!可我的心已经封闭了,没有备用的钥匙;我的心已经封闭了,就像已经葬入了坟墓。此刻的我,在记忆中,已经抹去了她的蓝眼睛,她的蓝眼睛。一条短裙!黄色短裙!太阳在点燃她的头发,将她照耀得像小麦仙女一样!'猎鹰'啊,我们把她抹掉了。这将是最后一次想她。我的麦田已经在高高的兰伯拉随风起伏!像一面旗帜在太阳落山的地方飘舞!麦田还在闪光!因为桉树林那里将是夜幕降临了。"

黑马驹在面前,等着他。堂阿帕里休坐在门墩上。

他听到脚步声。二管家来了。

"主子,那红隼怎么办?我想它是饿了,在架子上来回转圈。"管家对他说。

"没有肉了吗?"

"没有了,主子。"

"儿子,等着。"

他站起身,从口袋里掏出一把刀子。打开最大的刀片,在石柱上磨了磨。他走近马驹。

"你,'草上飞',把你的肉给他吃吧。"

他揪住马脖子上的一块肉,左手用力抓住,然后一割,就割下来了。管家颤抖着。马驹向后一跳,立刻又站住了。

堂阿帕里休向鞍具房走去。红隼用渴望的神情看着他。年轻人割了一块瘦肉,喂了它一口。猛禽把肉吞了下去。他一块一块地喂,最后手里只剩下一块肉皮,鲜血直流,甚至染红了他的手指。

"现在,过来!"他对猛禽说。

他用双手抓住红隼,走到院子里,将猛禽放到自己肩上。红隼抓住他的上衣。

"咱俩最好一起走!镇上的生活随它去吧!"他突然快活地说。

马驹的胸部沾满了鲜血。

"'猎鹰'和我一样,和我完全一样!"说着,他骑上了马。

管家打开了街门。夜幕在降临。

*

区长、两位总管、区议会的议员、担任过公职的人们以及一些妇女,陪伊尔玛回到了家。费利克斯走在后面。

区长、总管和农田助理走进平房。阿尔卡马莱的村民们挤满了街道。

伊尔玛撩起了披巾,区长望着她。印第安老人的眼睛,并不浑浊,而是庄重的,像大梦初醒似的,开始亮了起来。他扶着权杖宽宽的银柄,更加挺直了身躯,用克丘亚语清清楚楚地对她说:

"姑娘,我们已经知道,只有你一个人是死者'家属'。你和我们,和你的村社一起痛苦,你也坐在地上守了灵。堂马里亚诺已经成了阿尔卡马莱的儿子。我们已经把阿尔卡马莱的十字架立在他的坟上。我们要在这个区里给你盖房子,要有栅栏、胡椒树,还要修个庭院。阿尔卡马莱很大。两个月就会建好。你将为村社做针线，做衣服……你还会痛苦一段时间。"

他吩咐妇女们进来。他和总管们退了出去。

她以为自己会号啕大哭，会第一次呼唤母亲，呼唤弟弟妹妹们。但是她的泪水从脸上落到胸脯，感到那默默的暖流。阿尔卡马莱的妇女们注视着她，仍然不知道如何接近那位年轻女子。

赵振江译著年表

一、单行本译作

1. 《世界末日之战》,(秘鲁) B. 略萨著,赵德明、段玉然、赵振江译,江苏人民出版社,1983。

2. 《马丁·菲耶罗》,(阿根廷) 埃尔南德斯著,湖南人民出版社,1984。

3. 《拉丁美洲抒情诗选》,米斯特拉尔等著,赵振江、陈梦译,江苏人民出版社,1985。

4. 《柔情》,(智利) 米斯特拉尔著,赵振江等译,漓江出版社,1986。

5. 《拉丁美洲历代名家诗选》,达里奥等著,赵振江等译,云南人民出版社,1988。

6. 《柔情》(再版),(西班牙) 米斯特拉尔著,赵振江等译,漓江出版社,1988。

7. 《悲哀的咏叹调》,(西班牙) 希梅内斯、阿莱克桑德雷著, 赵振江、陈梦译, 漓江出版社, 1989。

8. 《柔情》(增补版), (西班牙) 米斯特拉尔著, 漓江出版社, 1992。

9. 《帕斯作品选》,(墨西哥) 帕斯著, 赵振江等译, 云南人民出版社, 1993。

10. 《血的婚礼》,(西班牙) 加西亚·洛尔卡著, 人民文学出版社, 1994。

11. 《漫歌》,(智利) 聂鲁达著, 赵振江、张广森译, 云南人民出版社, 1995。

12. 《批评的激情》,(墨西哥) 帕斯著, 云南人民出版社, 1995。

13. 《拉丁美洲诗选》, 聂鲁达等著, 赵振江等译, 云南人民出版社, 1996。

14. 《黄金世纪诗选》,(西班牙) 贡戈拉等著, 春风文艺出版社, 1996。

15. 《生命与希望之歌》,(尼加拉瓜) 达里奥著, 赵振江、吴健恒译, 云南人民出版社, 1997。

16. 《加西亚·洛尔卡诗选》,(西班牙) 加西亚·洛尔卡著, 漓江出版社, 1999。

17. 《马丁·菲耶罗》,(阿根廷) 埃尔南德斯著, 译林出版社, 1999。

18. 《黄金世纪诗选》(增补版), (西班牙) 贡戈拉等著, 昆仑出版社, 2000。

19. 《西班牙当代女性诗选》, 安赫拉·费盖拉等著, 中国作家出版社, 2001。

20. 《鲁文·达里奥诗选》，(尼加拉瓜) 达里奥著，河北教育出版社，2003年5月。

21. 《米斯特拉尔诗选》，(智利) 米斯特拉尔著，河北教育出版社，2004。

22. 《帕斯选集》(上下卷)，(墨西哥) 帕斯著，赵振江等译，作家出版社，2006。

23. 《二十首情诗和一支绝望的歌》，(智利) 聂鲁达著，台北爱诗社，2007。

24. 《加西亚·洛尔卡诗选》，(西班牙) 加西亚·洛尔卡著，华夏出版社，2007。

25. 《加西亚·洛尔卡戏剧选》，(西班牙) 加西亚·洛尔卡著，河北教育出版社，2007。

26. 《胡安·拉蒙·希梅内斯诗选》，(西班牙) 希梅内斯著，河北教育出版社，2007。

27. 《安东尼奥·马查多诗选》，(西班牙) 安东尼奥·马查多著，赵振江等译，河北教育出版社，2007。

28. 《聂鲁达集》(《世界文学》大师纪念文库)，(智利) 聂鲁达著，赵振江、滕威主编，花城出版社，2008。

29. 《马丁·菲耶罗》(西、英、中)，(阿根廷) 埃尔南德斯著，DOSMILDOS EDITORA，2008。

30. 《胡安·赫尔曼诗选》，(阿根廷) 赫尔曼著，赵振江等译，青海人民出版社，2009。

31. *Sueño en el Pabellón Rojo* (西文版《红楼梦》)，赵振江、何塞·安

东尼奥·加西亚·桑切斯译，阿丽霞·雷林克·埃莱塔校，Calaxia Gutenberg, 2009。

32. 《中国在微笑》(阿尔贝蒂诗选)，(西班牙) 阿尔贝蒂著，河北教育出版社，2009。

33. 《米格尔·埃尔南德斯诗选》，(西班牙) 埃尔南德斯著，中国作家出版社，2011。

34. 《柔情集》，(智利) 米斯特拉尔著，东方出版社，2011。

35. 《深歌与谣曲》，(西班牙) 加西亚·洛尔卡著，，上海译文出版社，2012。

36. 《诗人在纽约》，(西班牙) 加西亚·洛尔卡著，上海译文出版社，2012。

37. 《墨西哥诗选》，帕斯等著，赵振江、段继承译，人民文学出版社，2012。

38. 《世俗的圣歌》，(尼加拉瓜) 达里奥著，上海译文出版社，2012。

39. 《生命与希望之歌》，(尼加拉瓜) 达里奥著，上海译文出版社，2012。

40. 《伴随时间的流程》，(阿根廷) 阿里法诺著，赵振江等译，青海人民出版社，2012。

41. 《人类的诗篇》，(秘鲁) 巴略霍著，，作家出版社，2014。

42. 《太阳石》(诗选)，(墨西哥) 帕斯著，燕山出版社，2014。

43. 《孤独的迷宫》(杂文选)，(墨西哥) 帕斯著，赵振江等译，燕山出版社，2014。

44. 《弓与琴》(文论选)，(墨西哥) 帕斯著，赵振江等译，燕山出版社，

2014。

45. 《批评的激情》(访谈录),(墨西哥)帕斯著,赵振江等译,燕山出版社,2014。

46. 《西班牙在心中——反法西斯诗选》,(智利)聂鲁达等著,作家出版社,2015。

47. 《你是一百只眼睛的水面》,(智利)米斯特拉尔著,燕山出版社,2017。

48. 《太阳是唯一的种子》,(智利)贡萨洛·罗哈斯著,商务印书馆,2017。

49. 《卡斯蒂利亚的田野》,(西班牙)马查多著,外语教学与研究出版社,2018。

50. 《风中的居民》,(古巴)阿莱克斯·鲍希德斯著,四川民族出版社,2018。

51. 《五月中的四月》,(古巴)亚塞夫·阿南达著,凤凰文艺出版社,2018。

52. 《马丁·菲耶罗》,(阿根廷)埃尔南德斯著,译林出版社,2018。

53. 《柔情》,(智利)米斯特拉尔著,漓江出版社,2019。

54. 《浪的旋律》,(西班牙)希梅内斯著,中国盲文出版社,2019。

55. 《加莫内达诗选》,(西班牙)加莫内达,华东师范大学出版社,2021。

二、期刊译作

1. 米斯特拉尔诗辑,(智利)米斯特拉尔著,《外国文艺》,1981年第2期。
2. 短篇小说写作十条秘诀,(乌拉圭)基罗加著,《国外文学》,1981年第1期。
3. 希梅内斯诗六首,(西班牙)希梅内斯著,《诗歌报》,1982年10月21日。
4. 米斯特拉尔诗八首,(智利)米斯特拉尔著,《外国文学季刊》,1983年3月。
5. 《金鸡》,(墨西哥)鲁尔福著,《中外电影》,1984年第2期。
6. 阿尔维蒂诗六首,(西班牙)阿尔维蒂著,《外国文艺》,1984年第2期。
7. 帕斯诗歌二首,(墨西哥)帕斯著,《诗歌报》,1985年6月10日。
8. 马蒂诗作选,(古巴)马蒂著,《国外文学》1986年1-2期。
9. 诗不会徒劳地歌唱(获诺奖演说),(智利)聂鲁达著,《诗歌报》1986年8月6日。
10. 诗五首,《世界文学》,1986年第1期。
11. 诗二首,《世界文学》,1986年第5期。
12. 诗二首,《中外文学》,1987年第1期。
13. 《诺贝尔文学奖得主论文学》,聂鲁达、希梅内斯著,北京大学出版社,1987。
14. 诗三首,(乌拉圭)贝内德蒂著,《诗歌报》,1988年1月24日。

15. 诗三首，(西班牙)哈维尔·埃赫亚著,《诗歌报》，1988。

16. 《火石与宝石》,(秘鲁)阿格达斯著,《球星在情网中死去》,湖南人民出版社，1988年3月。

17. 《世界名诗三百首》(西班牙、拉美部分)，长江文艺出版社，1988年6月。

18. 中译西诗歌十六首，Postdata, Murcia (España)，1988。

19. 坚硬的荒原,(乌拉圭)罗多著,《外国文学》，1989年3月。

20. 诗三首,(西班牙)蒙特罗著,《外国文学》，1989年，第4期。

20. 石与花之间,(墨西哥)帕斯著,《外国文艺》，1990年，第1期。

21. 诗歌鉴赏八首(5人)，北京师范学院出版社，1991年1月。

22. 世界名诗鉴赏(10人20首)，中国妇女出版社，1991年1月。

23. 当代《世界文学》名著鉴赏词典(相关人选词条)，辽宁人民出版社，1991。

24. 太阳石,(墨西哥)帕斯著,《世界文学》第3期，1991年5月。

25. 对现时的追寻(获诺奖演说),(墨西哥)帕斯著,《世界文学》1991年第3期。

26. 西语青年诗人选译(18首),《世界青年诗选》，中国青年出版社，1991年4月。

27. 《共度良宵》,(墨西哥)马鲁哈·维拉尔塔,《世界独幕剧选》，上海文艺出版社，1992。

28. 短诗一束,《外国文艺》，1995年第3期。

29. 诗九首,《外国文艺》，1995年第4期。

30. 欧美女性诗选(13首),《欧美女性诗选》，北京大学出版社，

1995 年 8 月

31. 拉美散文二十篇,《拉丁美洲散文选》,云南人民出版社,1996 年 7 月。

32. 悼念加西亚·洛尔卡诗十首,《世界文学》,1998 年第 3 期。

33. 智利诗歌六首,《外国文艺》,1998 第 3 期(智利文学专号)。

34. 加西亚·洛尔卡诗译(100 行),《外国文艺》,1998 年第 6 期。

35. 女性诗歌二首,《外国文艺》,1999 年第 4 期。

36. 《马丁·菲耶罗》札记,(阿根廷)博尔赫斯著,《外国文学》,1999 年第 5 期。

37. 倘若欢乐从痛苦里诞生,(西班牙)萨尔多娅著,《外国文艺》,1999 年第 5 期。

38. 诗六首,(西班牙)乌塞达著,《外国文艺》,2000 年第 2 期。

39. 诗七首,(西班牙)阿登西亚著,《外国文艺》,2000 年第 4 期。

40. 诗十首,(西班牙)法贡多著,《外国文艺》,2000 年第 5 期。

41. 超现实主义的回声,《新知》,2000 年 8 月。

42. 诗十首,(西班牙)哈内斯著,《外国文艺》,2001 年第 1 期。

43. 马丘比丘之巅,(智利)聂鲁达著,《新经典丛书.大师经典:领衔诺贝尔文学奖的 20 位桂冠作家》,南海出版公司,2001 年 5 月。

44. 西班牙拉美诗歌二十首,《最新优秀外国诗歌选》,春风文艺出版社,2002 年 1 月。

45. 拉美诗歌三十首,《外国诗歌百年精华》,人民文学出版社,2002 年 1 月。

46. 巴列霍诗歌八首,(秘鲁)巴列霍著,《诗刊》下半月刊,2002年12月。

47. 聊斋序、对现时的追寻,《世界文学五十年作品选》,新华出版社,2003年1月。

48. 女教师的祈祷,(智利)米斯特拉尔著,《成长的岁月:我的学生时代读本【上】》,海天出版社,2003年12月。

49. 对行星的许诺、儿子的诗,(智利)米斯特拉尔著,《人间的诗意:人生抒情诗读本【上】》,海天出版社,2003年12月。

50. 人——树,(西班牙)希梅内斯著,《人间的诗意:人生抒情诗读本【上】》,海天出版社,2003年12月。

51. 羞愧、陶杯、太阳石(节选),《人间的诗意:人生抒情诗读本【上】》,海天出版社,2003年12月。

52. 枝头,(墨西哥)帕斯著,《现代语文:走进对话天地【下】》,漓江出版社,2004年6月。

53. 忆母亲,(智利)米斯特拉尔著,《现代语文:走进对话天地【上】》,漓江出版社,2004年6月。

53. 诗二十首,(秘鲁)巴略霍著,《当代国际诗坛》创刊号,2008年1月。

54. 阿莱汉德罗·吉列尔莫诗选,(阿根廷)吉列尔莫著,《诗刊》,2016年第19期。

55. 埃弗拉因·巴尔克罗诗选,(智利)巴尔克罗著,《十月文学》,2019年第4期。

56. 埃弗拉因·巴尔克罗诗十五首,(智利)埃弗拉因·巴尔克罗著,

《大家》，2019年第6期。

57. 桑多瓦尔诗选，(秘鲁)桑多瓦尔著，《诗刊》，2019年第10期上半月刊。

58. 加莫内达诗选，(西班牙)加莫内达著，《诗刊》，2020年第1期上半月。

59. 卡拉布雷斯诗选，(阿根廷)D.卡拉布雷斯著，《西部杂志》，2020年第1期。

60. 独到的眼光十首，(阿根廷)G.罗埃梅尔斯著，《世界文学》，2020年第2期。

61. 独到的目光六首，(阿根廷)G.罗埃梅尔斯著，《世界文学》，2020年第2期。

62. 桑多瓦尔诗13首，(秘鲁)桑多瓦尔著，《新译外国诗人20家》，广西师范大学出版社，2021年1月。

三、著作

1. 《拉丁美洲文学史》，赵德明、赵振江、孙成敖编著，北京大学出版社，1989。

2. 《拉丁美洲文学史》，赵德明、赵振江、孙成敖、段若川编著，北京大学出版社，2001。

3. 《西班牙与西班牙语美洲诗歌导论》，赵振江著，北京大学出版社，2002。

4. 《山岩上的肖像——聂鲁达的爱情·诗·革命》，赵振江、滕威编著，上海人民出版社，2004。
5. 《拉丁美洲文学大花园》，赵振江、滕威、胡续东著，湖北教育出版社，2007。
6. 《中外文学交流史·中国—西班牙语国家卷》，赵振江、滕威著，山东教育出版社，2015。
7. 《西班牙20世纪诗歌研究》，赵振江等著，北京大学出版社，2017。

四、报刊文章

1. 马丁·菲耶罗与高乔文学，《拉丁美洲丛刊》，1981年第3期。
2. 杰出的诗人勇敢的战士，《人民日报》，1983年12月25日。
3. 阿根廷的瑰宝，高乔人的圣经，《人民日报》，1984年11月11日。
4. ¿De cómo traduje Martín Fierro？，《中国建设》，1985第2期。
5. 五光十色，相映生辉，《文艺报》，1986年1月18日。
6. 科塔萨尔与阿格达斯，《文艺报》，1986年7月6日。
7. 纪念加西亚·洛尔卡遇害50周年，《诗歌报》，1986年6月6日。
8. 移植、借鉴、创新——西班牙语美洲诗歌漫谈，《拉丁美洲研究》，1987年第2、3、4期。
9. J. L. Borges en China，《中国建设》，1987第6期。

10. Cao Xueqin y su Pabellón Rojo, Postdata, Murcia（España），1988。
11. 马丁·菲耶罗与高乔文学,《拉丁美洲当代文学论评》,漓江出版社1989年3月。
12. 《屠场》赏析,《阅读和欣赏》(外国文学部分第九册),北京出版社1990年3月。
13. 现实与梦想(西班牙语),《中国建设》,1990年第9期。
14. 西班牙文版《红楼梦》问世前后,《红学专刊》,1990年第3期。
15. 燃烧的激情,执著的求索,《世界文学》,1991年第3期。
16. 架起心灵的彩虹,《外国文学》,1997年第3期。
17. 加西亚·洛尔卡:西班牙当代诗坛的一部神话,《译林》,1998年第3期。
18. Hispanismo en China, Universidad de Santiago de Compostela, 1998。
19. 奥克塔维奥·帕斯:诗人、哲人、文人(大时代文摘转载),《环球时报》,1998。
20. 加西亚·洛尔卡:西班牙当代诗坛上的精灵,《中华读书报》,1998。
21. 诗一样的友情(记三位西班牙女诗人),《出版广角》,1999年第6期。
22. 我在西班牙看斗牛,《岭南松》,1999第9期。
23. 新编欧洲文学史(西班牙当代部分),商务印书馆,2001年8月。
24. "Dianstía Tang: Poesía y Métrica", *Salina*, Número 15, 2001, P79-84.

25. Poesía femenina: ya no es rincón olvidado, *VII encuentro de mujeres poetas*, Editorial de la Universidad de Granada, España.

26. 二十世纪的西班牙诗歌与安东尼奥·马查多,《艺术评论》2007年10月。

27. 加西亚·洛尔卡和他的乡村三部曲,《艺术评论》, 2008年6月。

28. 真爱之歌：为纪念聂鲁达诞辰104周年而作,《人民日报》, 2008年7月16日。

29. 塞萨尔·巴略霍：写尽人间都是苦的先锋派诗人,《艺术评论》, 2010年4月。

30. 二度创作：在诗歌翻译中如何接近原诗的风格神韵,《江汉大学学报》(人文科学版), 2011年1月。

31. 南美三国访问记,《博览群书》, 2012年2月1日。

32. 胡安·赫尔曼：一位传奇式的诗人,《文艺报》, 2014年1月17日。

33. 何塞·埃米里奥·帕切科：又一位诗坛巨星陨落,《中华读书报》, 2014年2月19日。

34. 加西亚·马尔克斯和《百年孤独》,《文艺报》(署名施声), 2014年4月25日。

35. 加西亚·马尔克斯、《百年孤独》及其他……,《中华读书报》, 2014年5月7日。

36. 内战中的西班牙诗坛,《中华读书报》, 2014年6月25日。

37. 帕斯和他的中国情结,《文艺报·世界文坛》, 2014年8月15日。

38. 最佳近似度：诗译者的最高追求,《文艺报·外国文艺》2014年

10月15日。

39. 一位杰出的学者型诗人——纪念巴里塞尼奥,《中华读书报》,2014年11月19日。

40. 通过你的死,我学会了生,《人民日报》国际副刊,2015年9月13日。

41. 采撷西语文学的笙歌与谣曲(第一通讯作者),《重庆评论》,2015年特刊第1期。

42. 关于阿根廷高乔人史诗《马丁·菲耶罗》,《重庆评论》2015年特刊第3期。

43. 阿劳卡纳:一部被征服者的史诗,《重庆评论》,2015年特刊第4期。

44. 掩卷长思《堂吉诃德》,《人民日报》文艺副刊,2016年4月23日。

45. 西班牙语美洲文学期刊一瞥,《十月》,2019年第2期。

46. 译笔搭桥,沟通世界,《人民日报》副刊,2019年7月2日。

图书在版编目（CIP）数据

宝石与燧石：赵振江译文自选集 / 赵振江译著. -- 北京：中译出版社，2022.1
（我和我的翻译 / 罗选民主编）
ISBN 978-7-5001-6769-3

Ⅰ. ①宝… Ⅱ. ①赵… Ⅲ. ①世界文学－作品综合集 ②赵振江－译文－文集 Ⅳ. ①I11

中国版本图书馆CIP数据核字(2021)第209840号

出版发行	中译出版社
地　　址	北京市西城区新街口外大街28号普天德胜大厦主楼4层
电　　话	（010）68359827，68359303（发行部）；68359725（编辑部）
传　　真	（010）68357870
邮　　编	100088
电子邮箱	book@ctph.com.cn
网　　址	http://www.ctph.com.cn
策划编辑	范祥镇　钱屹芝
责任编辑	范祥镇　王诗同
装帧设计	静　颐
排　　版	冯　兴
印　　刷	北京顶佳世纪印刷有限公司
经　　销	新华书店
规　　格	880毫米×1230毫米　1/32
印　　张	10.75
字　　数	215千字
版　　次	2022年1月第1版
印　　次	2022年1月第1次

ISBN 978-7-5001-6769-3　　　　定价：58.00元

版权所有　侵权必究
中 译 出 版 社